為什麼吃半塊蛋糕更容易胖

WIESO ZWEI HALBE STÜCK KUCHEN DICKER MACHEN ALS EIN GANZES

修復讓關係、工作與生活脫序的25種心理偏誤

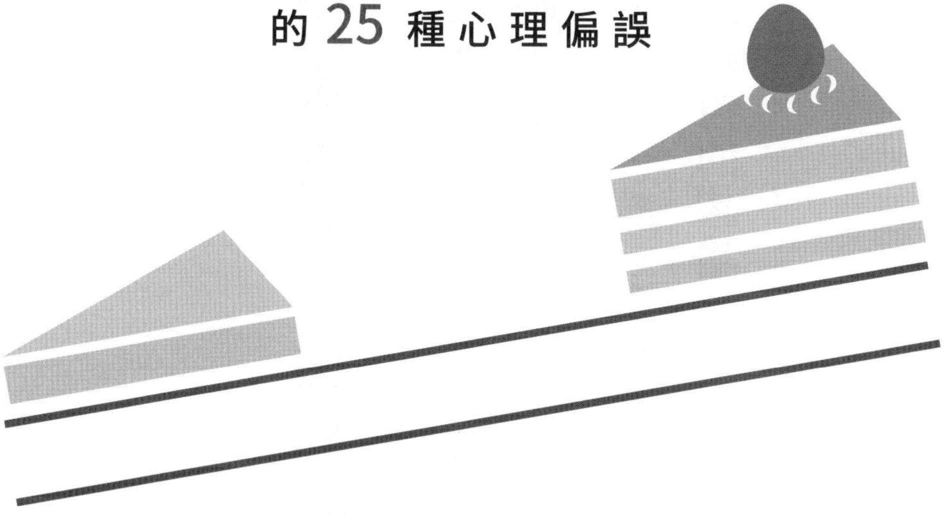

Sarah Diefenbach 莎拉·迪芬巴赫——著 李雪媛——譯

第2部

邁向和諧與同理心之路的心理陷阱

第3部

邁向幸福與自我實現之路的心理陷阱

第4部

邁向真理與世界認知之路的心理陷阱

前言

旁人的言行舉止經常讓我們無奈搖頭，其行為似乎令人不解、非理性、可笑或愚蠢至極。殊不知，我們每每也對自己感到迷茫困惑，即便克服了諸多人生考驗，日常生活的挑戰仍不時把我們摔出跑道。

許多人也不明白為何總是一再掉入同樣的陷阱——為什麼自己居然成了夢想與目標的絆腳石，我們其實可以胸有成竹；為什麼和另一半溝通親密關係問題時非得喋喋不休，搞到情況失控？其實除了一個輕鬆的鳳鸞之夜以外，我們什麼也不需要。儘管自認減重是大事，儘管（不如說是正因為）清楚所有營養規則，卻仍減不了肥？為什麼老感覺遭受壓榨利用，為什麼沒人看到我真正的付出有多少？又為何彷彿屢屢將精力投注在永不可及的錯誤目標上？

總歸一句：為什麼我們會覺得認清自己、用清醒的腦袋做最對的事，如此困難？關鍵就在於常見的典型思考陷阱，即所謂的心理認知偏差阻礙了清晰的思考。本書將介紹幾個最重要的思考陷阱，提供讀者有心嘗試改變的靈感，進而揭穿並克服這些心理陷阱。

事實上，人的作為往往並非直指目標，但如果能瞭解其背後的心理學，便容易分析並改善我們的行為。若能分辨是哪些心理需求在暗中作祟，例如：保護自我價值、安全感和本身習慣、個人思想行為具有意義的信念、他人的認可或就是體驗與自在感這麼簡單，才得以領悟為何自己常常就是邁向重要目標和願望的絆腳石，也明白為什麼我們：

- 頻頻投入過多的精力在無法達成的目標上；
- 愈想化解衝突，偏偏衝突更加尖銳化；
- 即便所有考量因素都呈現負面，仍頑固抓緊對周遭人與世界的錯誤理論及其他事物不放。

心理陷阱不僅只是大腦的謬誤而已，它往往還具備一項功能，一旦發生內在衝突，它能給予心理顯見方便的慰藉與出路。甚至當我們做了待人不公的事，或者別人比我們（客觀上）更勝一籌時，它亦是一條延續自我滿足感的出路。許多思考陷阱創造了一種所謂的「幸福綠洲」，一個暫時甩開人生不可能任務的喘息機會；假如我們仔細加以審視，這些任務通常也真的頗為艱鉅。這種扭曲的感官認知雖然可以讓你頓時吁一口氣，但長期而言，它卻無法引領你邁向目標。

本書能幫助你建立一個新基礎，以平等姿態面對生活挑戰以及典型的心理陷阱。讀者當然不必完全封閉扭曲思考所鋪的輕鬆道路，筆者強調的是，在介於眼前短期的愉悅滿足感和長期性的改變兩者間做選擇。因為書中介紹的諸多心理思考陷阱可能釀成嚴重的干擾因子和真正的障礙，沒有人願意不斷重複經歷同樣的衝突或設定永遠達不到的目標。

對不堪事物視而不見，縱然能躲避認清事實被迫面臨的痛苦，但正如西蒙妮・迪茲（Simone Dietz）在《說謊的藝術》（Die Kunst des Lügens）書中所說，自我欺騙卻也阻斷了與現實的聯繫以及改變人生的可能性。

反之，洞悉典型心理陷阱的人較具行動力，更能瞭解自己、世界及周圍的人，從掠奪寶貴精力的衝突中解脫出來。揭穿並逃離典型的思考陷阱可以轉化成真正的「輕鬆」：走出自我思想的糾纏，走出那個心靈沼澤的牢獄，拒絕再當爛攤子的皮球。請對那些導致你和你原先打算成為的那個人漸行漸遠的效應提高警覺，以清晰的視野做最有益於你的決策，打造一個你和你的目標相契合的環境。

無論如何，筆者先祝你能享受一段愉快的閱讀時光，在這趟探險之旅中找到豐富的樂趣！無須對自己太過嚴苛，盡情品嚐，重新發現自我和身邊的人。閱讀每個思考陷阱章節的同時，記得犒賞自己一杯甘甜順口的飲料，再散散步、仔細沉思回味，決定你要怎麼運用心理學知識來改善你的生活！

第 1 部

邁向成功與自我認知之路

的心理陷阱

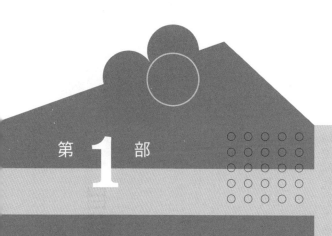

第1章

自我破壞陷阱

——有心人看到的是解答；無意者看到的都是問題

湯姆要戒菸。「這回我是認真的。」下班後他在啤酒吧對死黨迪克說。

迪克滿臉狐疑地反問：「你？這次來真的？打算什麼時候開始？嗯，你現在還抽著菸呢……？」

「一切按部就班，急不得。我仔細想了——這禮拜還不行，我們的企劃案準備結案，壓力超大；我鐵定馬上復吸，搞到自己灰心喪志，往後恐怕再也沒勇氣嘗試。週末也不成，星期天晚上還有個生日派對。不過這倒好，我趁機把這包菸抽完，家裡就沒菸了。週一起正式不碰菸。」

「呼，聽起來複雜到不行；不過想得挺周全的。那就祝你馬到成功！」

星期一上午，湯姆果真留在辦公室座位上，菸休時間就讓給其他人去享受吧。然而才不過星期二，又見湯姆站在吸菸亭。「真該死，不巧外套口袋裡還藏著半包！我得現在抽完，否則它老是在那兒誘惑我，不如立刻解決它。」

隔天，迪克再度撞見湯姆嘴上叼著菸，這回也有個復吸的解釋：「我必須安排事情的優先順序。昨晚跟老婆大吵了一架，你知道的，最近我們的婚姻關係實在……她說的沒錯，只要我處於戒菸期，脾氣就變得令人無法忍受，我現在不能這樣對待她。一旦我們之間的危機稍稍平緩，我就開始戒菸。」

「這麼說來，挽救婚姻和戒菸只能二選一？」迪克嘲諷地說。

「一點沒錯。」

「欸，說真的，這些話我聽來都是瞎編鬼扯，你就是愛抽菸！根本沒有心要戒，只不過哪根筋不對，才萌生此意，你要真心願意才行！」

迪克的分析是對的。湯姆落入了自我破壞（Selbstsabotage）的陷阱：他先是給自己訂了一個目標，卻放了一堆大石頭擋在路中央，以至於目標無法達成。確切地說，這些石頭都出現在他敘述的吸菸故事中：只要壓力大，我就得繼續抽；只要手邊有菸，我就得繼續抽；為了挽救婚姻，我也必須繼續抽。

出現自我破壞的典型因素通常是，當你並非將目標真正放在心上時。發自內心立志達到目標的原始信念不足，便容易因步伐猶豫不決而力量大減。雖然話說得冠冕堂皇，卻缺乏真實的內在動力去達成目標。向前走一步，往往就倒退兩步；非但沒找到解答，浮現的問題反而有增無減，讓成功達陣儼然變成不可能。

湯姆的案例亦是內在反抗導致真正的問題連環爆：只要一個問題解決了，就會出現下一個更嚴重的問題。那些他放在路中央的大石頭日益增加，也越發變大，釀成最後無法清除的地步；更將無可商榷的基本價值，如婚姻等，拿來做為（尚且）不能戒菸的藉口。在外表目標與內在動機之間所以產生如此鴻溝的原因之一可能是，此目標其實是為了符合社會期待而訂的。

▼社會期待

社會期待乃一心理學概念，原本是人格測驗作答時的人類行為描述。許多人並不傾向誠實回覆承認符合個人事實的答案，而是選擇他們期待別人認為較好的答案，換言之即是社會期望的答案。這種社會期待現象不僅出現在心理學問卷，也出現在許多其他領域，例如選舉問卷調查、求職面試談話、拜訪伴侶雙親或朋友聚會。人們並不據實回答真正會採取的行為，因為他相信這樣自己在別人眼中的形象就比較正面。他們接收一些認為自己應當擁有的意圖與目標，譬如「健康飲食」、「避免製造塑膠垃圾」或「定期運動」等。同樣的，個人的人生目標（如「讀醫科」、「找副業」、「決心減肥」）亦可能是社會期待的結果。至於個別案例中考量社會期待所佔的比例究竟有多大，又有多少是出於個人的原始信念，便難以區分了。

問題關鍵是——以社會期待為依歸並非一定是有意識的過程，也不總是那個當事者想要體面立足的社會。就算單獨面對自己，也可能因為不願感到難堪，而想滿足「社會期望」。即便是外人不得而窺的秘密日記，我們的陳述也可能受到社會期待的影響。

然而，至遲當所謂的目標將化為實際行動之際，社會期待便會原形畢露，因為作為保護原始自身利益的自我破壞機制就會浮現。我們絕不缺乏想像力，大腦總會變出五花八門的理由，阻礙目標的實踐；同時也編撰邏輯可信的故事，解釋我們為什麼只能這樣，而不能採取終究跨上目標的行動。尤為弔詭的是，我們表面上還繼續相信自己在追求目標，持續投注心力；但我們的下意識早已決定永不邁向目標，並傾全力搞自我破壞了。

我們唯有誠心渴望，大腦才會啟動全神貫注去尋找解答的模式。法國作家阿爾貝・卡謬（Albert Camus）的一句名言直指精髓：「有心人找出路，無意者找藉口。」

心理學家兼教練柯普維希曼（Roland Kopp-Wichmann）也在其部落格中對類似情形做了以下形容——對自己真正渴望的事，你會貫徹，即使阻力重重；反之，對別人勸諫你該做的事，就容易百般藉口抗拒。他舉「計劃每日早晨慢跑半小時」這個健身願望為例。若是有心人，便會積極安排：購買慢跑鞋、鬧鐘設定早一點。但如果建議是來自你的另一半、你的醫生，或只因你於心不安，情況便迥然不同。早晨的你將發現，地下室裡遍尋不著慢跑鞋、天氣壞透了，或清晨根本爬不起來。簡單地說：相同的目標，態度卻有天壤之別，端視訂目標者是誰，這就是介於真實與表面兩者意圖差異的關鍵所在。

克普維希曼亦以不同的思考模式來分析介於實際與表面想追求的目標兩者間的差異——當我們確實想得到什麼，思考模式就會以解答為導向，雖然也預期到可能出現的障礙，卻不給予過度的負面評價，抱持「天無絕人之路！」的心態。倘若目標並非出自真心，思考模式將自動導向問題，障礙似乎難以跨越。志向才剛定，在成功之路的起跑點上就搞自我破壞。處於自我破壞的模式下，半心半意追求目標等於浪費雙倍的精力——先是煞有介事投入心神於某個志向（研擬如何能戒菸的計畫），然後再投入心力搞破壞（尋找為何戒不掉的藉口），末了空忙一場，最終結算為負。（湯姆的案例亦然：老婆後來跟他離了婚，而湯姆則繼續抽菸。）總結：浪費無數寶貴精力，不如把它拿來投資在真正渴望實現的目標上。

想必你也經歷過類似效應，或於朋友圈中發現自我破壞的案例：

- 原本打算儘速畢業的死黨，卻在尋找完美論文題目的過程中自築高牆，不得翻身，拖了一學期又一學期，畢業遙遙無期。
- 有個習慣抱怨連連的閨密，她想活得更健康，可惜工作繁重勞累，以致每晚總無暇購買新鮮蔬菜，好不容易撐著最後一分力氣才把冷凍披薩推進烤箱。
- 一個同事興致勃勃立下多多運動的志願，為了強迫自己，甚至立刻跟健身中心簽下二十四個月的合約。不過每當和她約好一起上健身房時，老是因突發事故爽約——明天有重要簡報、膝蓋痛、月經痛、昨夜沒睡好、吃得太多（無法運動）、吃得太少（無力運動）、精神恍惚、今天月相不對。數不完的藉口。

諸多案例一再清楚呈現：正面的決心志向只顯示你內心的理想，自我破壞則顯示你內心的真實意志。身邊的人往往比你自己看得更透徹，但也只能搖搖頭回應。「你喜歡吃披薩，沒關係。可是你何必老在我們耳邊嘮叨健康飲食？」

這給了我們什麼啟示？如何才能避免自我破壞？

請仔細審視，你究竟把能量投在哪些目標上？它們確實是源自你內心深處嗎？抑或只是你自認必須達成的願望，而不想全心全力追求？

有沒有一些目的非你真心所願，卻勢在必行呢？有誰真的樂意去報稅？有些事物當然並非我們的心願，但基於實際因素必須解決。即便如此，仍舊值得我們深入探討：我是認真的嗎？今天真的要解決報稅這檔討厭事？或者我會把時間浪費在瑣碎雜亂的報稅資料上？或者因為找不著憑單，被迫心神不寧地去做其他事？那倒不如一開始就好好享受一個輕鬆快樂的星期天……

你的能量如此寶貴，請勿將它浪費在不冷不熱的目標和自我破壞上！

第2章

當下即永恆的謬論

——我們總是習慣性低估未來的自己

愛蓮娜快樂得不能自已，她的人生都按照自己夢想的劇本進行。有個體貼的老公、一雙可愛的兒女、一隻小狗、一幢花園小洋房；只差廚房務必得翻新。款式她也挑妥了，雖然價錢不菲，可是超摩登——橙紅色的櫃面、天然岩板流理檯加上格紋磁磚。絕對是吸睛焦點，閨密們一定嫉妒到爆。唯獨她老公心存懷疑：「這是不是太大膽了一些？現在妳也許喜歡，最遲明年復活節妳可能就看不下去了。」

愛蓮娜火冒三丈：「我難道還不瞭解自己，不知道我的品味嗎？！十年後的我仍然會像現在這樣喜歡！你等著瞧！」

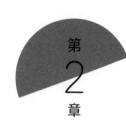

你認為呢？愛蓮娜說得對嗎？至少心理學研究結果是傾向支持她老公的看法。人的品味與性格會隨時間不斷改變，改變的程度大到讓現在的你簡直無法想像，這即是魯爾夫・杜伯里（Rolf Dobelli）著作《生活的藝術》（Die Kunst des guten Lebens）中描述的，所謂當下即永恆的謬論或「故事都有結局的幻想」。杜伯里援引科學家裘迪・奎德巴哈（Jordi Quoidbach）的研究作為這類錯誤評估的例證。

奎德巴哈讓他的受試者接受人格測驗，反映現在的自我。此外，其中一組受試者再做一個回溯過去的記憶之旅，並針對十年前的自己回答另一項人格測驗。兩項測驗經比較後發現，人們評估自我人格在過去十年中的變化頗為劇烈。

另一組受試者則做一個前往未來的幻想之旅，並填寫問卷描述他們想像中未來的自己。有趣的是，相較於過去組，未來組僅出現些微的人格變化。

由此可見，人們於某種程度上相信今日便抵達其性格發展史的終點，儘管他們十分清楚自己在過去經歷了多麼巨大的改變。

這種謬論也解釋了不少人身上（以如今眼光看來也許沒品味）的刺青裝飾。一個象徵符號或金句，於某年某月某日的那一刻曾經是最終的不朽，宛如永遠成立的人生座右銘，現下早已不合時宜；當年充滿叛逆味的紋身，此時看來卻荒謬可笑。但當年那一刻，我們偏偏無法想像自己有朝一日竟有如此南轅北轍的看法。

奎德巴哈及同仁的其他研究還顯示，人們普遍明顯低估個人品味及喜好的改變。受試者這次應對各種當前的偏好進行陳述：最嚮往的渡假地、最愛的食物、最迷的樂團、最要好的朋友。然後受試者再次被分成過去組，另以過去年輕十歲的個人觀點來回答相同的問題；及未來組，評估自己十年後的最愛。結果又一次顯示，受試者過去與現在的偏好差異，遠大於現在與未來的偏好差異。由此可知，受試者極可能過分低估了個人偏好將持續大幅改變的發展。

這類錯估的實際後續效應也表現在財務決策上：奎德巴哈詢問受試者估計自己十年後願意花多少錢去聽目前最愛樂團的演唱會，結果顯示花費額度明顯高出詢問受試者今天願意花多少錢去聽十年前最瘋的樂團。換言之：我們今日不惜為某些事物付出高額代價，但十年後這些事物可能就不若自己想像的那般取悅我們了（不過至少演唱會門票不如刺青的後果嚴重，不必每天都被狠狠強迫重溫品味改變的事實）。

你可能出於個人經驗也對上述效應感到心有戚戚焉。每每只要看到相簿裡青澀年少的自己，腦中立刻閃過一個念頭：這麼蠢的模樣?!當時竟然覺得這打扮好看？假如提到目前的職業或生活狀況，也常常發現我們是誤打誤撞走到今天，與從前描繪的未來藍圖完全兩樣。習慣寫日記的人，也許更能藉著紀錄來求證。過去的我對現在的我完全失算，而現在的我也極可能對未來的我看走眼。

我們能因此學習到什麼？當下即永恆的謬論會導致哪些危機？由於從這項認知中曉得自己日後會改變，就不再做大型投資了嗎？因為說不定明天就不再喜歡那件新大衣了！那結婚大事呢？而「Live the moment」（活在當下）、「Carpe diem」（把握今朝）和那些智慧結晶呢？難道通通都不再適用了嗎？能在此時此刻儘量綻放自己，將此刻視為「永恆」，不是最好的禮物嗎？

首先要說個好消息──縱然知道未來會有許多變化，我們卻不必放棄（此刻）抵達巔峰的美好感覺。許多著實覺得來到漫長故事結局的眼下，我們仍舊能夠盡情享受與慶祝。

正如歌手安妮特．胡丕（Annette Humpe）在一首名曲所形容的：長久「尋尋覓覓百分之百」（Suche nach 100 Prozent）之後，接下來終於「就應該這樣，就應該一直這樣……」，「這樣最好，一切搭配完美，因為一切都在我心中歸於平靜」。倘若這種當下（但願）即永恆的感覺能帶來平靜與從容，沒什麼不好。

話說回來，當下即永恆的感覺也容易產生負面效應。前面已提到長期性決定的風險，當下的我覺得完美的決定，卻不適合未來的我。例如為了一棟配合你需求而量身設計的房子背上大筆房貸，萬一日後打算跟伴侶移居他處，便難以脫手了。除了操之過急的購買及消費決定外，對心理層面亦可能造成危機——

- 自我禁錮於當下即永恆的感覺之中：人們經由如此的視野相信自己的人生將不再改變，而感到癱軟無力、灰心喪志。事情終結，甘願一死。
- 緊抓當下即永恆的感覺不放：人們渴望傾全力抓住自認為完美的狀態，不願接受變化，因而阻斷所有如何營造正面全新未來的思考。

諮詢師安緹兒．嘉迪安（Antje Gardyan）《你還在等待什麼？》（Worauf wartest du noch?）一書中的人物亞歷珊德拉正是陷入第二種危機。多年來，亞歷珊德拉的人生確實恰如自己的想像，而她也十分堅信將永世如此。畢竟她和丈夫彼此立下誓言：無論順境或逆境，永遠鍾愛、支持對方。他們育有一女。然而好景不常，老公離她而去。亞歷珊德拉放不下心中那個完美家庭的畫面，極力想挽回過去。

儘管這個不幸帶來無法言喻的傷痛，不過仍要明白一點——假如一切事物都可能瞬間全面改觀，那一切事物也可能撥雲見日。執意務求維持現狀的人將阻斷此刻尚且無法想像、全新的正面發展之路。

亞歷珊德拉就這樣持續了頗長一段時間，直到她開始為自己、為女兒重新建立一個人生，也在既有的處境中找尋一個正面機會。

由於當下即永恆的謬論，現在的我懷疑自己在迥然不同的人生條件下有獲得幸福的能力；即使身旁絕對不乏一些當初料想不到、卻突如其來的正面發展案例。人們會重新戀愛、更換職業，並求得新的實現；人們會移民遷徙，找到新的家鄉。

嘉迪安將這種不間斷的變化形容為不斷重複的人生三階段循環：（一）容許和放手；（二）駐足與保存；（三）重新開始。我們無法預測各階段的時間長短，但她認為可以確定的是，必須以「你正在路上！」的心態來取代「你到了！」的概念。

如亞歷珊德拉之例比比皆是，想永遠抓住美好的願望往往被誤解成實際的保證承諾。縱然事實已不容自欺欺人，現實也不再是昔日完好的太平世界，人們的思想領域中仍不見對新狀況的檢討分析，因為背離願望想像的狀況是他無法預設的。探討人們究竟有多大能力保存他的感覺並精準預測未來的錯誤心理模式，是導致這類現象發生的原因之一。

人們相信，願意就此「永遠」做某事的美麗說辭，通常代表他對某人或某事的評價頗高，況且當下也毫無未來會改變的理由：「從現在起，我將每天從事晨間運動」、「我現在真的把它視為永遠」、「我永遠不再令你失望」。然而生活的經驗卻時時提醒我們：很遺憾，「不再」或「永遠」到了明天便可能消逝。就算這「永遠」的感覺在當下是嚴肅的，並且只是承諾他當時真心確認的事，殊不知再堅強的信念也無法賦予恆久的安全感，這在人們踏入婚姻結合時屢見不鮮。

▼亙古不變——是承諾或願望？

結婚是件美好的事，許多情侶將它視為持續鞏固關係的重要一步。大多數新人認為對彼此說願意即代表：我覺得未來人生中能有你為伴是再美麗不過的願景，而且我願意為它付出，共同努力創造兩人的幸福。有時候，伴侶會以當著眾親友面前做出婚姻承諾的形式來表達這般正面的未來幻想，或許正是希望賦予當眾表達的承諾一種特殊價值，並相信保證兌現。

許多人就此沉浸於幻想中，認為憑婚禮簽了幸福門票的長期訂戶，這個位置別人再也搶不走了。許多夫妻的表現亦是如此，彷彿藉著結婚便能讓關係更加緊密。這邏輯類似反面推論偏差的情形（參閱第二十三章：驗證陷阱之反面推論偏差），是症狀與病因混淆不清：倘若一段幸福關係能透過結婚而更臻圓滿，那麼幸福關係是基礎，結婚是「症狀」。此外，人們也嘗試透過症狀引出病因：一旦關係動搖，我們就結婚。這或許有助於對外展現表面的幸福快樂（「既然決定踏出這一步，他們一定考慮清楚了」），可是關係本身卻極少能藉由對外「曬」幸福症狀而長期改善。同樣地，妄想靠塑身衣讓自己變健康也不可行。健身運動是基礎，平坦的肚子才是症狀，本末倒置是行不通的。

期待另一半因為「既然已經結婚」而言行改頭換面，只會徹底失望，畢竟人不會結了婚就改寫自己的程式，既有的心理法則與常規仍然適用。可以確定的是，希望能累積許多值得回味的共同時光，但這並不保證未來能一如往常走下去，不論有沒有那張證書。

然而婚姻誓約也並非絕對一文不值——它是一種安全感的船錨，兩人彼此連結的形式，若要分離就有些複雜了。或許有些關係能挽救，因為雙方朝挽救目標努力的意願可能比無婚姻關係的伴侶來得高。無奈的是，全方位無憂套裝行程是訂不到的，即便最佳的婚禮統籌公司或最浪漫的儀式也愛莫能助。結婚雖不乏充分的理由，卻不包含永不間斷的安全感。以上論述或許能幫助你不把婚姻視為一種承諾，而是雙方共同的願望，而共同的願望在親密關係中極具價值。

以某種角度而言，永恆之愛的婚姻誓約是結合了所有當下即永恆謬論的痛苦代價而構成的極端形式。幾乎沒有其他任何事物如伴侶的愛情與關係那般影響吾人至深，因為我們相信它是個人生命中能永遠保有的成果之一；一旦它突然斷毀，可將我們重重摔出跑道，好比亞歷珊德拉的案例。然而，此謬論不僅適用於結婚——人的感覺是誓言無法操控的。許多事物均不按計畫，許多感覺也在出乎意料下不斷演變發展。鄉下的夢想屋驟然間不再是你的夢想屋；理想的工作也不再理想。即使對上帝的忠貞誓言也非永久，有人因此退出修道院。要明白並非只有別人會讓我們失望，我們也必定陷入令自己和他人失望的境地，因為我們對以往相信的事感覺完全不對了。

結論是：無論圍繞人生事物的變化或自我的改變都是持續不斷，單單認清這點就是一種解脫。沒有任何目標是當你努力跑到末段直線跑道後便可放慢腳步、輕鬆走最後一段。如果自認終點永不可及，也就沒必要在路上趕得氣喘吁吁，或挖空心思設想完美計畫了。

我們應當更加謹慎面對所有可能阻斷未來變化之路的長期性抉擇，考量是否確切篤定這就是我們不想再改變的完美狀態。不過，即便事後發現是不利的決定，每每亦能找到一條可順應新情勢、調整昔日決策的出路。

唯恐做出錯誤決定而裹足不前亦非上策，不如就你能取得的資訊與良知，抱持反正你的評估有百分之九十九的機率都是錯的心態，輕鬆看待。人的自我難以捉摸，尤其是自己。比考量決定及可能後果更重要的是，我們應該不斷相信自己有能力變成另一個人。

第3章

本意善良的認知偏差

——善良的意圖剝奪我們清晰的思考

我們真的可以認為這個世界太美好了，因為人人對我們都心存善意。政治人物為國家著想，父母為了孩子好，公司老闆也是為員工打算。至少大家是這麼說的，可能他們心裡也這麼相信。

然而，這種行善的感覺與善意所導致的實際效應可能相差十萬八千里。遺憾的是，好意不見得一定是好事。事實上，許多人容易因善意而自我滿足。他們或許真心為身邊人著想，至於結果是否也如此，事後卻不再檢視。思考只到好意為止，「假如感覺對，那也一定對。假如出自善意，那就是好事，何必思來想去個沒完」，至少對自己的行為是抱持這種觀念。但若談到別人，衡量標準就嚴格多了，我們也會一併觀察結果，獲得以下結論：

「唯有結果是好的，本意才是好的。」此乃所謂的本意善良的認知偏差。

會出現本意善良的認知偏差乃理所當然，因為與本人的意圖相較，我們對他人的意圖所知甚少。因此也難以想像他人一個導致明顯負面結果的行為背後，原來可能藏有一個良善的動機。彼得怎有這麼天兵的想法，以為老婆會因他給的一篇減肥秘訣而高興？蘇珊娜以畢業班代的身分在典禮上致辭完畢後，老爸立刻提供幾個改善說話風格的建議——他怎能幻想女兒會為此感激涕零？不能晚點再說嗎？分明想搞砸她畢業派對的興致！

體認到他人動機純良往往難上加難，甚至會懷疑是否真有善意這回事（有時的確理由充分）。不過我們也應自我反省，是否對待別人只看到結果的同時，卻對自身行為

◎本意善良認知偏差的不同焦點

	意圖	結果	評量
我的觀點：焦點定於意圖	好	壞	好
他人觀點：焦點定於結果	好 好	壞 好	壞 好

的實際後果閉上眼睛。我們既不願接受也不想討論，本身行為得出的結果並不如自己的感覺來得好，畢竟我是好意的！

這種矛盾心態也增加衝突中彼此讓步的困難。雙方各持己見，以善意為由，替自己的行為辯護，毫無犯錯意識，剝奪對方有截然不同知覺感受的權利，而逕自順著一條思考原則：你根本不可能感覺很差，畢竟我是一番好意。這是一種無法達成和解共識的毒性行為。

心理學家阿絲特莉德．舒茲（Astrid Schütz）在針對婚姻衝突的研究中亦發現另一個極為相似的模式。伴侶們個別受訪，描述關係中的典型衝突與爭吵，並檢討原因以及雙方行為是否恰當或非理性。結果也顯示了符合本意善良認知偏差的模式：受試者評量自我行為時會納入善良的動機，也經常以特殊情況和次要條件來辯護自身行為，例如壓力或由於過去的爭吵導致容忍臨界點降低。反之，伴侶的行為卻被概化評斷為不公平與非理性；至於背後有哪些次要條件、考量和意圖則不在思考範圍。

一個動機善良、後果卻可能極具毀滅性的特殊關係模式，是善意的沉默。心理學家伊利亞・范・貝斯特（Ilja van Beest）是排斥（Ostrazismus）領域的專家，研究不受他人重視或遭排擠的人以及對受害者造成的心理影響。其研究數據顯示，沉默的發訊者（即沉默者）和接收者對沉默的效應評估有明顯差異。發訊者認為，就對方而言，中斷溝通比公開表現自己的負面情緒來得強，是一種善意的沉默；訊號接收者卻完全不這麼想，「被冷處理比明擺的怨恨更糟糕」*，范・貝斯特認為。

由此可見，完全仰賴本意善良的認知可能在衝突中掀起更大波瀾。從出於善意卻過分短視、最後造成反效果的政治決策，到衍生出同事圈、家人、伴侶關係及友誼的衝突。尤其在個人關係層面，除了有爭議而難以接受的他人行為之外，衡量標準不一也是大問題。伴侶關係與友誼的基礎是彼此間的基本承諾。「我們互相喜歡，彼此公平對待，希望對方得到最好的」。這個承諾卻被對待自己和對方的雙重標準搞得支離破碎。

知道自己的行為出於好意便足矣，對他人行為卻要拿結果來一併衡量，這是嚴以律

* van Beest, 2018, P. 45。

人、寬以待己。如果一個行為在考量結果之後，仍可被評斷為善，顯示評量者非有極高的判斷標準及複合式的思考不可。這項事實也清楚顯現在區別存心倫理（Gesinnungsethik）與責任倫理（Verantwortungsethik）之上。

▼存心倫理vs.責任倫理

存心倫理與責任倫理是人們針對一個行為做道德判斷時的兩種不同角度。此學說的重要建立者之一是德國社會學家馬克斯．韋伯（Max Weber，1864-1920），但最初的雛形概念已出現在上古時代，其大意為：只要是善的行為企圖，便是好的。存心倫理是對行為背後的意圖及其相連結的道德價值與原則做判斷，不論行為事後的實際結果如何。如此說來，存心倫理論者依據「必須幫助有難者」的觀點，即可能捐錢給行人徒步區的乞丐。

反之，責任倫理則優先考慮行為產生的後果。一個責任倫理論者同樣相信必須幫助有難的人，但他會持續思考——什麼是最實際有效的幫助。例如他可能決定捐食物來取代金錢，幫乞丐改善情況，避免便宜了「乞丐黑幫」。

嚴格說來，責任倫理乃要求評估行為的一切直接與間接效應，這當然是無法達到的理想境界。不過它提供我們的生活一個更重要的概念；亦即超越行為背後存心與動機的單純思考模式，並承擔實際後果的責任。任何人都不會要求我們能預知行為的一切後果（更遑論如何分辨確定單一行為的後果），通常他人只需感覺到——你確實考量過對我造成的影響。

某些行為儘管可用立意良善的堂皇理由來敷衍，但事前仍應三思，例如：

● 切勿剝奪節食中的女友僅存之一點樂趣，不要以替她著想的認知跟她爭執酪梨中的脂肪含量。

- 給予新手父母應有的認可，因為全新的挑戰壓力已令他們的神經滿載，暫時容不下各種如何做得更好的動聽建議了。
- 先給處於意義危機中的摯友一段平靜的時間，專心傾聽造成他真正激動不安的事；切勿動輒拿心理自助課程和工作機會等看似好意的行為來轟炸他。

自己的絕妙頓悟或主意能拯救他人或甚至全世界的念頭實在誘惑人心，彷彿「非要讓別人知道你的想法不可」變成一種責任。不知怎地，你就是受不了看似獨到的思想只能在自己腦中盤旋，沉不住見解僅僅留給自己的氣。

若要言行完全符合良知，立意善良是好的開始，卻非充分的理由。不妨誠實無私自問：我的行為真能期待好的結果嗎？當你強烈感覺一定要為他人福祉而行善舉之時，請特別提高自我批判性，這極可能是為了你自己的幸福。

第4章

矛盾的心理自助或心理帳戶陷阱

——為什麼兩小塊蛋糕比一大塊蛋糕更增肥

不能再這樣下去了，芭芭拉決心減肥。憑著幾招簡單的飲食規則應該不難做到：晚上八點以後絕不再進食，只許補充水分；平時避免洋芋片、拒絕汽水；而且從現在起，喝咖啡也不加糖了；閨密下午茶也只准一塊蛋糕。

然而芭芭拉萬萬沒料到，家族聚會上的咖啡甜點竟如此琳瑯滿目，這回親戚們又再次打破自創的紀錄。起碼她最愛的兩種蛋糕不能錯過，當然就只各吃半塊嘍。好吧，也許可以選較大的那一半……

約莫晚間十點，下一個難題又來了：思慕昔算食物嗎？或是飲料？嚴格說來，一杯香草優格也是流質狀的。

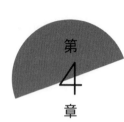

如同大多數人，芭芭拉也在推動一個矛盾的自助形式：首先我們替自己制訂了規則，建立一個思想的輔助結構，以便幫助自己迅速達成重要目標。但時隔不久，我們就開始不斷改變這個設想的成功計畫，直到計畫不再奏效為止。我們總能找到一條欺騙自己的路，更多時候在忙著思考如何鬆綁自訂的規則、如何破壞輔助結構，最後非但沒接近原本的目標，反而漸行漸遠——我們開闢了一條道路，能繼續表現這種原本欲摒棄的行為，而且走得心安理得。

一系列典型的心理學思維模式會出現於矛盾的自助上。芭芭拉矛盾的自助案例可用心理帳戶（Mental Accounting）的一種特殊形式來解釋，也就是關於各種不同花費及合理支出的思考方式。

▼心理帳戶

心理帳戶（亦可約略直譯為思想會計）是一個行為經濟學的概念，由經濟學家與諾貝爾獎得主理查・塞勒（Richard Thaler）等人所提出。他認為家家戶戶與個人都必須效仿公司企業，瞭解自己的財務支出及交易買賣，由此發展出一個交易的思想結構體系，並對各種支出「記帳」，即所謂的心理帳戶。對個人而言，此思想會計的功能原則上等同於企業的會計：掌握金錢流向的概況並控制支出。

個人的心理帳戶體系亦包括建立消費項目與類別，類似一種思想抽屜，分類管理不同的消費支出；典型的項目如「食品」、「服裝」、「度假」、「外出娛樂」等。

即使支出帳目不一定鉅細靡遺，通常人們腦中對每個消費項目仍有一定的預算，已經發生的支出會影響未來的支出。假設本月已去餐廳用過五次餐，第六次便難再說服自己；

反之，若本月此消費項目尚未有過任何餐廳支出，情況就大不相同了。

這情形也在諸多消費者研究中表露無疑，比如行為科學家齊普・希斯（Chip Heath）與傑克・索爾（Jack Soll）的實驗。據兩人研究結果，購買下一場籃球賽門票的機率高低不僅受限於個人近期內的總支出多寡，還包括所支出的項目。實驗受試者事先想像本週已花了五十美元為另一場籃球賽消費，他們決定再度投資一場球賽的機率，遠低於那些（假設）才剛繳五十美元違規停車罰單的受試者。前組受試者在「娛樂：籃球」消費項目的預算顯然已經用罄。

不過此處卻有個突破規則的花招，因為消費項目的支出分類並不總是界線分明。只要運用一點想像力，我們即可將「外出用餐」列入「食品」（生活必需品）項目中。學者阿瑪・伽瑪（Amar Cheema）與迪立普・索曼（Dilip Soman）的研究即顯示，人們喜歡利用這種模糊定義，在必要時彈性配合個人需求來調整消費項目，而且無所不用其極。會將套裝度假行程至少一部分列入生活必需品項目的人，花這筆錢就不那麼問心有愧，畢竟一如名稱所示，這是「生活必需」。

芭芭拉的情形也雷同：一塊蛋糕的分量並無明確定義，蛋糕可切大切小；或就像芭芭拉所做的，一塊蛋糕可分成許多個「一半」，若仔細計算，她吃的總數加起來可能將近一塊半的蛋糕。於是藉著半塊蛋糕的伎倆，逾越一塊蛋糕的原則便不那麼醒目了。

無獨有偶，相較於純葡萄酒，透過葡萄酒氣泡水的形式更能掩飾飲用的酒精量。同樣是大家的最愛：小酒館之夜的告別末杯酒（大約小半杯的啤酒，亦即眾所周知的「回家前的最後一小杯」），就因為興致好、氣氛佳，這半杯接二連三……到最後總共喝下多少標準杯啤酒，恐怕也算不清了。

定義不夠清晰的類別與數量，提供我們一個阻礙精準計量的好機會。以芭芭拉與她徒勞無功的節食案例來說，就是我們對環境定義含糊的思想架構所造成的間接傷害。

除了建立心理帳戶，設定並按照「規則」將財務交易聯繫起來，以便獲得掌控財務的感覺之外，有志調整飲食的人也會在飲食領域中建立一個消費分類系統。許多消費項目有不同的上限，介於各項目間的預算通常也無法轉嫁。愛耍小聰明的人當然會試圖儘量充分利用個別項目的預算。這些小聰明偶爾會衍生矛盾效應，譬如晚間還吞下一杯奶油酸酪，因為蛋白質這個項目還有剩餘空間；或者就像芭芭拉乾脆攝取一切流質食物，因為飲料項目無上限。結論是：起碼你投資了不少時間思考個人飲食，也在此意義下有意識地進行調整。至於最終是否更健康或降低了卡路里，則有待商榷……

上述討論究竟對日常生活能起什麼引導作用？

可以確定的是，設定規則原本是為達到目的，但我們充分利用規則漏洞的技巧十分高超，最後導致荒謬（ad absurdum）的結果。真正嚴肅看待目標、想要改變者，確實想節食、控制飲食的人，就該規則明確。

對消費分類定義得越清晰，就越難自我欺騙。這或許也能解釋為何供應商Deep Detox Box以每日固定四瓶思慕昔、簡單不囉嗦並送貨到府的形式，會大獲成功的原因——每日分量定義得一清二楚，沒有模糊空間。客戶似乎滿意至極，一個朋友對我說：「這四瓶思慕昔我當然可以自己動手打，也比較便宜。可是我太瞭解自己，製作的分量會比預期多，會多加些牛奶等等。這四瓶一目瞭然，省得老是自我交戰。」如此說來，Deep Detox Box實際上的服務或許根本不是超級健康的思慕昔，而是心理效益——不給自我欺騙空間。

對於能達成的目標時，我們才需如此嚴格對待自己。若以享受為主，那麼刻意含糊遵守的規則與戒律，便成為一個結合自我控制和充分享受越界快感的好機會。或者，筆者個人最愛的至高紀律是「直覺消費的藝術」——這指的是完全沒有規則與控制，僅跟著自己的感覺走，讓它帶領我們走向怡然自得。

吃第三塊蛋糕已經自覺不健康了；一週內第五次進電影院也不再是真正的享受；某晚喝多了啤酒，隔天身體自然而然會對飲酒敬而遠之。即使沒有核對項目表和規則，我們也會自主發現。直覺消費對某些人是一項挑戰，卻十分值得。沒有規則代表不再需要複雜的自我欺騙，我們就能有更多時間去體驗生命中的其他美好事物。

第5章

自我設限——對重要目標自我設障

假設你必須做一項智力測驗，並且要在五首音樂之間做選擇，其中兩首能提高效率、兩首會降低效率，一首則不增不減。你會選擇哪一首當成智力測驗的背景音樂？

心理學家黛安・泰斯（Dianne Tice）讓她的受試者做選擇，得出妙趣橫生的結果。儘管基本上假定人人勢必爭取高分的智力測驗，但絕非全體受試者都會選擇提高成績效率的音樂；不少人反而選擇自認會降低效率的音樂。他們為何如此？

自我設限（Self-Handicapping）的理論解釋如下：為減輕追求成功的壓力，直接事先備妥一個可能失敗的解釋。自我設限即是自己積極製造困難條件，降低達到目標的機率。這有個心理上的優勢——萬一失敗，我本人並不必負責，可以推給各種障礙，如此便不會傷及自我價值感。

考試不讀書的人，已經找好萬一沒通過的解釋原因；馬拉松賽跑前一晚還去泡酒館的人同樣如此。在泰斯的智力測驗中拿低分者，可以把責任推給選擇了導致效率差的音樂，不必覺得自己笨。自我價值感低落的人尤其寧願糟蹋他的機會，也不肯暴露在成為失敗罪人的危險中，因為他們至少能夠相信這個失敗的理由，與個人或本身的無能並不直接相關，而是受外在環境影響。因此泰斯研究中，自我價值感低落者特別願意選擇降低效率的音樂，尤其當測驗主持人聲明測驗結果亦有潛在的失敗風險之後（「本測驗的目的是發現能力極度傑出的人」）。自我價值感低者會盡全力避免被視為「魯蛇」，即便他們的行為將造成不必要的低成就。

自我設限可能引發致命後果：儘管自我價值感受到保護，成績卻依然低迷，也替自己關上許多機會之門。考試不讀書或無暇為重要報告投入心力的人，雖然準備了冠冕堂皇的理由，也做不出精彩的表演。雪梨大學（University of Sydney）教育學者安德魯．馬丁（Andrew Martin）的團隊研究結果亦可證明此一現象——傾向自我設限的大學生與其他同學相較，成績普遍較差，也有較嚴重的自我調整（Selbstregulation）問題。在起跑線上便「退出競爭」的人，也喪失認真邁向某個目標的學習機會，準確評估自己真正的實力更是難上加難，於是就在自我欺騙的模式下混過學業與職業生涯，腦中總藏著一個自我安慰的念頭：到了真正關鍵時刻，我自會努力上進。但只怕屆時付出再多的努力，成績也衝不上去了。

由於常常在自我設限，他已測不出自己真正的能力，也任憑每一個針對弱點改善的機會流失。透過自我設下的障礙來掩蓋真實的成績水準，藉以保護自我價值感，導致自我設限原本的心理優勢演變成搬石頭砸自己的腳，因為總會有面臨失敗、攤在陽光下的時候。關鍵時刻不立即扯開傘索，竭盡全力追求目標，享受一次成功的滋味，自我設限慢性病的方向盤卻駛向下一個自我設限。測驗考砸後，更沒興趣準備補考；派對通宵達旦後的壞成績，被詮釋為自由的生活風格。只是我們要問，假如你不想好好畢業，何必念大學？

因此，自我設限亦是一種背叛自己和背叛目標的形式。習慣性自我設限者等於表明：「這對我來說並不重要，所以失敗也無妨。」在這個情況下，終極的挫敗，例如考試多次被當後遭強制退學，便形同一種解脫——總算不必再故意製造障礙了，因為把夜夜狂歡當做成績低劣的擋箭牌，終究有疲乏的一天。

自我設限的傾向在兒童時期便能顯現。根據發展心理學家史丹利．庫柏史密斯（Stanley Coopersmith）的一項研究，要孩童們設法將球投入一個籃子中，他們可以自行決定與籃子間的距離。自我價值感低的孩子選擇兩種極端，他們或直接站在籃邊把球放入，或離得老遠，讓命中率幾近於零。兩種行為方式皆表示：我並不認

◎自我設限的惡性循環

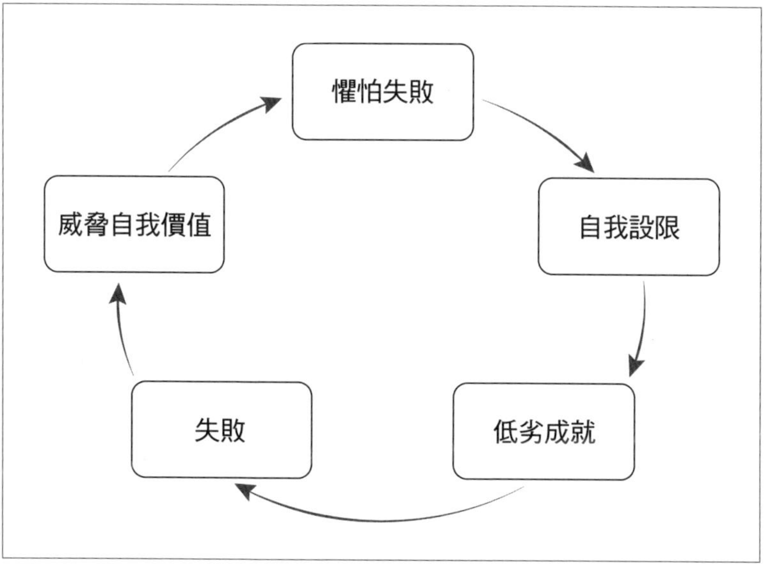

真對待此事，只想避開任務。其他兒童選擇較中等的距離，創造了一個有可能命中但不一定會成功的環境。同時，他們也創造了一個可以測試各種不同投籃策略的局面，逐步改善自己的成績，並以成功為榮。不過唯有當你可以忍受失敗，並願意接受成功也需要努力的事實，這些做法才行得通。

類似情形亦在低成就（Underachievement）現象中觀察得到，一如心理學家肯尼斯·克利斯汀（Kenneth Christian）《這輩子，只能這樣嗎？你是自己最大的敵人》（Your Own Worst Enemy）一書中所描述的。低成就者的成績以及他們為自己所選擇的挑戰難度，遠遠低於其能力所及。他們不願去尋找符合個人天賦與潛能的任務，反而不設定目標，或設定不可能達到的超高目標，想藉此阻止挫折真正傷害到本身的價值感。然而這樣一來，也幾乎體驗不到驕傲與實現的感覺。雖然心理上較能接受因目標顯然不切實際而失敗，但因目標要求過低而獲得的成功也毫無價值。因此肯尼斯·克利斯汀將低成就者形容為表面看似愜意的生活藝術家，內心卻痛苦不堪，因為他們錯失良機，無法積極營造自己的人生。

自我設限從許多方面看來，亦與本書前面所談的自我破壞心理（參閱第一章）相關聯。兩者均是搬石頭擋在路中央，大幅增加邁向目標的難度。但自我設限與自我破壞的差異，在於達成目標的願望——搞自我破壞者，設定目標時是半心半意的，細看就會發現他根本無意達成。宣稱自己要戒菸，內心卻未被目標說服，也因此每天都出現新的原因，導致戒菸變得不可能，當事人對「失敗」亦能坦然接受。毫不令人意外，從未真正想戒菸的人，就算戒不成也不必傷心。因此自我破壞是耍花招（經常是無意識的），破壞並非出於內心深處的目標，這條路上的石頭是為保護自己避免面對根本不想要的。

自我設限就不同了——當事人真心想達成目標，卻害怕失敗。人人都想在智力測驗中拿到好成績，一張文憑也是實用的好物。此地的石頭是用來保護自我價值感的。簡單結論：搞自我破壞者會大聲宣稱他的目標，萬一失敗也不成問題；自我設限者卻懼怕失敗，對外則刻意表現低調、毫不在意。兩者最終的表面結果卻是相同的：目標並未達成。

自我設限的問題又該如何克服呢？最重要的一步是明確認同自己的目標。請花一個下午的時間整理頭緒——我的精力流向何處？那裡有我認為真正重要的事物嗎？或許把事情搞得過度困難了？如果是，為什麼？難道我根本無意達成此目標？或者因為萬一結果不若自己的理想，我需要一個緩頰的理由？

我們必須認清，將能量投入內心渴望達成的志願既不頑固、也不尷尬，反而聰明之至。但同時心中也該明白，這不一定能保證成功。萬一付出努力卻未能遂其所願，誠然令人傷心痛苦，但絕非個人悲劇。若能抱此心態朝目標努力，失敗的危險便不再那樣充滿威脅性，也讓每一種自我設限的形式都變成多餘。

第5章 自我設限

第6章

自命清高效應

——我們的道德優越感從何而來

大家或許都能大方承認別人的數學或物理比自己強，卻幾乎沒有人肯承認別人比自己更有道德。無論是幫助他人、奉獻時間做義工、捐血、為人誠實正直，或將拾獲的錢包物歸原主等，在社會期盼的行為模式方面，我們自認優於他人，把自己歸類在好人一族，一種道德優越感油然而生。

這種自我觀點扭曲在心理學研究中又稱為自命清高效應（Holier-than-thou-Effekt），亦即自我正義認知。為此，學者尼可拉斯・艾普雷（Nicholas Epley）及大衛・丹寧（David Dunning）針對康乃爾大學（Cornnell University）學生進行了一項不同領域的自我道德評估偏差研究，結果十分符合自命清高效應的原則：例如受試者相信自己願意為慈善目的捐出比別人更多的金錢。為確切掌握行為事實，學生有機會拿出參與研究所得五美元中的一部分做慈善捐獻，並可自由選擇不同的組織對象（如動物保護、紅十字會等）。受試者平均決定從五美元的酬勞中捐出一．五三美元。

將行為再與方才的自我及他人樂捐意願評估相比較，卻顯示一．五三美元的實捐金額遠低於方才自我評估的平均值二．四四美元；換言之，受試者高估了自己的捐獻意願。另一方面，本人的實際捐獻意願反而較接近方才對他人的意願評估（平均一．八三美元）。對他人的評估可謂符合現實的同時，自我形象評估與本人的實際行為相比卻過度樂觀。不過，多半時候我們對這種自我欺騙都毫無自覺。

另一方面，自命清高效應卻可能對社會造成問題。當人人都相信自己助人行善的意願高出一般人時，真正的行為卻遠遠低於理想概念。大家都相信自己會幫助別人，事實上卻無人付諸行動。

這是怎麼回事？導致我們習慣高估自我道德的自命清高效應，其心理方面的「食材」又是哪些？

第一項重要食材元素是所謂的自利性偏差（Self-serving-Bias）。我們對事物的詮釋普遍有諂媚自我形象的趨勢，讓自己站在正面的鎂光燈下。

▼自利性偏差

自利性偏差（指服務自我價值的歸因理論）乃形容人們以服務自我正面形象的態度來詮釋本身行為的一種普遍傾向。舉例來說，我們容易將勝利歸功於自己的作為；對於失敗或中性結果則傾向降低本身行為的影響力。一派心理學家將此一傾向結論直接詮釋為錯誤的因果假設所導致；另一派心理學家則強調，該傾向的心理效應是為維繫精神與心靈的穩定性，因為我們無法承受直接面對現實、毫無修飾的自我形象。

因此人們發展出各式不同的策略，以便對威脅自我價值的潛在危險有所反應。遇到被迫面對自己的負面資訊時，即自動轉移到其他正面話題。心理學家羅伊・包麥斯特（Roy Baumeister）將此稱為補償性自我提升機制（Compensatory-self-enhancement-Mechanismus），即彌補性提升自我價值。因此，心理治療師亞藍・古根布爾（Allan Guggenbühl）也將其形容為「自我人格外宣版」*（Propagandaversion unserer Persönlichkeit）。有時必須加以修飾關於自己的陳述，以避免內心衝突。

再者，事實上我們瞭解自己多於瞭解別人，因此能夠給予自我更多正面評價。例如我們心裡清楚投入了多少心力在某個目標上：耗時費力特地烤了個純素蛋糕給同事過生日；殫精竭慮為重要客戶準備了完美的總結簡報；費盡多少時間與心思才給心愛的人挑選一份完美的禮物。即便成果或對方的評價不如預期，我們卻因動機純良，仍然能給自己正面評價，自認德行高尚、一切為他人著想。至於他人的評價卻由於資訊基礎特別有限，可能反

* Guggenbühl, 2016, P. 191。

應平淡，畢竟人往往只看見結果，而不知他人背後辛勞。

因此「施贈者」通常站在費用與精力的角度，而「受贈者」則傾向站在受益的角度來評價。所以當我們為討好某人而送禮時，多半施贈者對滿意度的評估要遠遠高出受贈者的評估，如張炎（Yan Zhang）、尼可拉斯·艾普雷的研究結果證明。部分原因也可能是我們所扮演的角色不同，影響大腦迅速將滿意度與花費或受益程度做聯想。

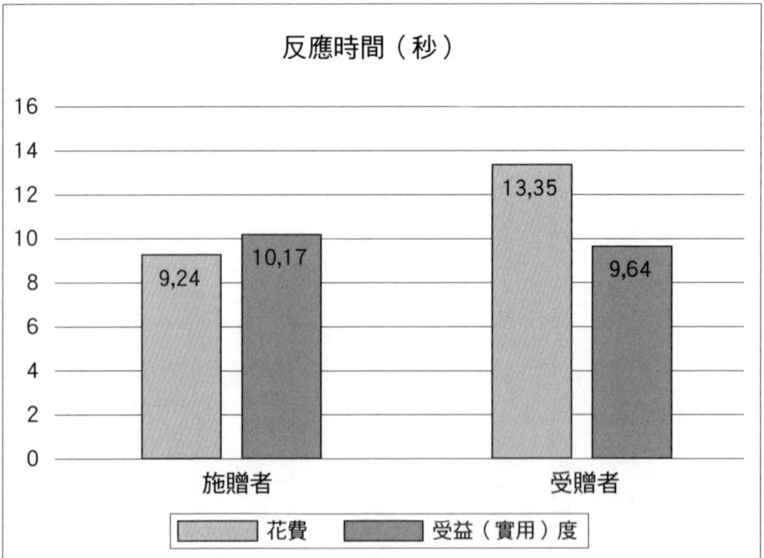

施贈者及受贈者對花費滿意度及受益滿意度評價的作答時間研究
研究人：張／艾普雷，二〇〇九

張炎和艾普雷在一項研究中請受試者回憶自己曾經討好他人的行為，或他人曾為自己做過的付出，然後以花費及受益的滿意度量表作評價。以受試者對花費與受益的印象深刻程度為標準，以作答時間速度來測量。結果一如預期，在花費滿意度方面，施贈者對自己付出的聯想速度，遠快過那些受贈者對所得的花費滿意度評估。至於對受益滿意度的回答則完全相反，受贈者的回答速度快過施贈者：這件好事帶來什麼最終效應，必須由「獲得好處」的人來回答。或許我們施予他人的「支持協助」，根本不如自己預期的助益來得大。

由此可見，我們傾向高估施予他人的情誼，卻低估他人施予我的恩惠。這原則不僅適用於朋友及伴侶關係中的彼此互助，同時亦適用在工作團隊成績或其他群體。某些情形下，它可以助長正面效應：人人都把自己視為能造福他人的貴人，既開心又驕傲。但另一方面，過度誇張一己對社會福祉或群體共創事物的貢獻，可能將大部分的團隊功勞攬於自身，並認定其他人也明白成功的關鍵者是自己，有義務心懷感激——安珂認為夏日派對之所以辦得如此成功，都是因為他安排的音樂精彩；露絲則覺得成功關鍵在於她張羅的活動地點超完美。工作人員個個認為自己貢獻卓著，都覺得老闆致謝辭中「那個特別奉獻心力、送給大家一個圓滿派對的人」就是自己。

但艾蜜莉．普洛寧（Emily Pronin）、卡洛琳．普奇歐（Carolyn Puccio）和李．羅斯（Lee Ross）強調，同一機制在另一種情形下，可能引發有人受到虧待、讚賞不足、薪資過低的怨言。基於團隊成績與社會團結的考量，它可能引發致命後果——人人自認受到虧待、做超乎分內的工作。為抗拒這種感覺，將會更緊縮個人的貢獻，別人當然也會注意到你的成績每況愈下，心中產生「你偷懶」的不滿情緒越發強烈，最後就再無人願意努力了。雖然如此，忿忿不平的感覺猶在：我本應得到更多！

▼「我本應得到更多」效應

人們經常性高估本身成績與付出人力物力的規模，因此也容易高估自己應得的回報。學者尼可拉斯・艾普雷、尤金・卡魯索（Eugene Caruso）及馬克斯・巴澤曼（Max Bazerman）發表了一篇關於「反應性自我中心主義」（Reactive Egoism）現象的論文，針對「我本應得到更多」效應進行了一系列實驗與案例報導：就相同的工作與公平的薪資待遇而言，人們認為自己獲得更高的待遇要比他人來得更恰當。法庭上提告人所要求的「公平賠償」金額是被告人的兩倍。假如你個別調查某工作團隊或體育球隊成員評量本人對團隊成功的貢獻度，事後並將每人的評量百分值相加，有極大的可能會得到超過滿分的百分比，因為人人都確信自己以特別優越的能力做出超乎隊友的貢獻。因此，每一個人相信老闆發放加給獎金時一定會特別眷顧自己，也就不令人意外了；要是發現同事得到相差無幾（甚至更多）的獎金，便感覺遭受不公平對待。

倘若牽涉到「社會交易」（soziale Transaktionen），心理學上就更複雜了。因為我們更不清楚自我貢獻評估能否、而且以何種形式表現出來。工作能獲得報酬，尤其傑出的工作成績說不定還能得到獎金作為犒賞。可是「幫忙」朋友值得多少？或者幫這個忙是出於自願、毫無回報的期待？我必須送禮表達感謝幫忙我搬家的朋友？即使要答謝，多大的禮才能彌補一整天的辛勞（加上機會成本，比如錯失躺在湖邊放鬆的一天）？如果我們再把事情複雜化——幫忙搬家的全體人員都應獲得同等的報酬嗎？或當其他人多半時候都在喝水休息、而非忙著搬箱子時，真正做最多苦力的不是我嗎？

一個印象於是迅速產生：反正最後人人都會感覺受到不公平待遇。或者，開始在伴侶關係和友誼之間算計的人，就已經輸了……

出現自命清高效應以及道德評量中高估自我地位的原因之一，是我們擁有關於自我和他人的資訊規模存在極大的差異。假使我們能對他人有更全面的認識，能看到他們至少盡心盡力而為，或耗費了多少人力物力，也許我們就能給予其更高的評價。為了能公平給予應有的讚賞及認可，我們不能單看結果，也應自問：他可能投入了多少努力與花費，即便沒有為我帶來益處？

話說回來，這同時也存在另一個危險：我們極易過度高估自己為他人而做的行為價值與受益度。經常某事表面上是為他人而做，但仔細思量，其實還是為了自己，亦即所謂的利他主義錯覺（Altruismusillusion）。

▼利他主義錯覺

利他主義（Altruismus，源自拉丁文中的alter，意指「另一人」或「對方」）乃指有利於他人的非利己、無我行為，與關心自我利益的利己主義（Egoismus）相反。不過，我們往往不易分辨行為是否確實是純粹利他，或仍有利己之動機，也就是一種利他主義錯覺。因為許多主觀假定的利他善舉，一經分析卻發現客觀的主要動機乃個人需求。

我們經常可從一點看出端倪：對假性利他者十分重要的是，別人能獲知他的善舉。只有老闆會知道的情況下才願意幫助同事的人，其主要動機是為利己而非為同事；或主動在朋友圈中為新人張羅一份出色的結婚禮物，卻非得讓新人知道這是誰的妙主意。此外，有些禮物和邀請的結果是送禮者獲利大於受禮者，例如送人一齣自己想觀賞的劇場門票，他等於藉此邀了一位陪伴者，對方便有義務奉陪，畢竟別人的禮物不應拒絕，於是禮物的幻想圓滿成形（參閱第九章）。

無論如何，我們最終無法完全排除送禮者或助人者也能從他的行為中謀取利益，即便僅僅是「助人為快樂之本」的感覺。所以，是否存在真正的利他主義，亦是心理學與哲學長久以來討論不休的問題。

保護自我價值感的需要，讓自己站在正面的鎂光燈下、關於自我及他人行為的資訊差異，以及利他主義錯覺等三點，都是構成我們認為本身道德行為比他人來得優越，或者說自己做出不道德行為的可能性遠低於他人的重要因素。此外，心理學家也提出另一個可能因素：普遍說來，人們能夠超乎預期地精準評估某整體人民的行為方式。例如當我們評估「一般德國人」的助人意願，好比大約百分之幾的人會在電車上讓座給老人，又如艾普雷與納達夫・克萊因（Nadav Klein）對他人或「平均康乃爾大學生」的樂捐意願研究。此時，我們眼前並無實際的個人，也不會過度思考究竟哪些個人動機可能影響他的助人意向等等，只憑理性思考平時觀察類似「讓座他人」行為的多寡來判斷。

一旦涉及自我評估，我們的思考便會轉換到另一種判斷模式。我們對自己的瞭解更甚於對一般德國人，因而也會顧及到所謂案例導向的資訊。不同於以分佈資訊（distributional information）為基礎的抽象判斷模式，我們在此會以案例為基礎的資訊（case-based information）來思考判斷，包括涉及單一案例或具體的個人知識。對自己，我們無須從外部觀察來判斷，我們有直接管道通向自我——我們瞭解自己的感覺、自己的目標、自己的理想，將自己的人格視為整體的個人。我們自認大體上樂於助人，並努力造福他人，因此也極可能在單一情形下從事有道德的行為。萬一碰上現實生活中某個特殊狀況，也許當天諸事不順，疲倦得需要電車上的座位（而且周圍的人看來沒那麼疲累，大可放棄他們的座位），那就另當別論了。

諷刺的是，偏偏這些關於自己的附帶資訊，才是導致判斷偏差的主因。假如我們能將內在認知排除在外，僅以理性觀察自我，方能做出較符合現實的評估。

有趣的是，如果評估不道德的行為，自命清高效應——也就是介於自我及他人之間的道德認知鴻溝現象——會更加嚴重。學者克萊因與艾普雷在一項研究中，對受試者描述各種值得以及不值得選擇的不同行為模式，事例表囊括了各種生活中的例子，譬如把多找的零錢誠實退還給店家（值得的行為），或是公車上搶了老太太的座位、對同事說謊、甚至是婚外情（不值得的行為）。受試者將對自我及對他人的評估做比較：自己表現此項描述行為的可能性有多高？別人的可能性呢？自己的可能性比別人或高或低？

恰如學者預期，評估結果傾向自我歌功頌德——受試者相信自己較可能實踐道德行為；反之，他人比較容易做出不道德的行為。不過據受試者的判斷，與他人之間的道德鴻溝尤其明顯表現在有道德的行為模式方面。

更重要的是，當我們自認道德優越的同時，又想將自己和不道德的行為劃清界線。為此我們變得創意十足，編撰許多理由解釋為何原本有問題的行為在特殊情形下卻變成正當。例如，四處散播某女同事的有趣軼事，畢竟聊八卦、說是非好玩，即使你料到那位同事可能會不高興。這有點缺德，但我們可找到一個解釋，偶然談及這個主題（或是我們不自覺地把話題引過來？）並非故意，因為「什麼都不說形同說謊」；另一個選擇是提幾個暗示，挑起對方追問的興趣，這麼一來，我們又能維護自己的聖人形象，畢竟「是對方自己猜想到的」。這是一個陰險狡詐的機制，以正當為名，容許不道德的行為，也很遺憾地阻礙了高道德要求能實際改善自我的機會。

結論是：大體而言，我們不必過分嚴格律己，或許由於不同的觀察與資訊，導致我們習慣高估自我，感覺比別人更神聖。些微地高估自己是良性的，能避免我們因失敗而沮喪。當然，如果能將掛在頭上的聖人光環當成勉勵工具，敦促自己確實行善，而非在緊要關頭編造為何無法如願助人、捐獻、支持他人的藉口，那就更美好了。

此外，談到評斷他人，若能自我克制也是好的。我們往往太有自信超越他人，自認為絕不會做出在別人身上觀察到的不道德行為。多一點批判性來審視自己的聖人形象是否名副其實，少一些自以為是，多多體諒他人絕對無害。請將以上謹記心頭，再盡量保持自己的神聖感。

第 2 部

邁向和諧與同理心之路

的心理陷阱

第7章

個人世界認知偏差

——為什麼我們絕不可能真正了解別人

二〇一五年，全世界為了一個洋裝顏色問題鬧分裂：到底是白／金黃，還是藍／黑色？根據問卷調查，約有三分之二受訪者確定這件洋裝的顏色是白／金黃，其餘約三分之一則認為分明是藍／黑花紋。雙方僵持不下，各自覺得對方完全不可理喻。同事、朋友間的爭吵辯論延燒開來，網路的主題標籤「#dressgate」也出現形形色色的理論，試圖找出人們的感受認知出現天壤之別的原因：從顏色認知與人生觀（悲觀者傾向藍黑認知）、睡眠節奏（長眠者比早鳥更容易傾向藍黑認知），到認知心理學的解釋都出爐了，例如感光體（Photorezeptoren）差異或光線照明的不同詮釋等（相信照片是在日光下拍攝的人認為是白／金黃；覺得照片出自人造光者，認為是藍／黑）。不論大家如何解釋此一現象，可以確定的是：我們日復一日接觸的人，對相同事物的看法有時竟與自己南轅北轍，這結論讓許多人瞠目結舌。

然而，「dressgate」只是證明我們對世界認知差異極大的其中一例。又如不同的人對相同的痛楚刺激感受不一，或不同的人對相同音波位準的聲音強度與干擾度的感知不同。一項調查風電設備對居民的噪音負擔及潛在健康危害的研究指出，以四十至四十五分貝的音

◎荷蘭現代風電場噪音居民反應調查

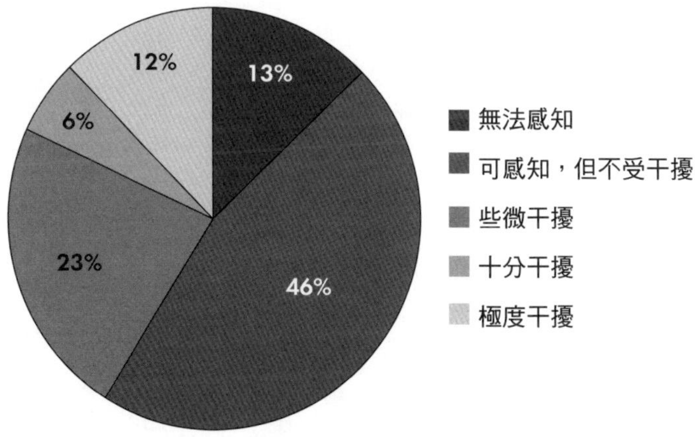

資料來源：Perdersen, E., Van Den Berg, F., Bakker, R., & Bouma, J. (2009)。《美國聲學學報》（The Journal of the Acoustical Society of America）, 126 (2), 634-643。

對相同音波壓力位準（40～50分貝）的主觀感知差異

波位準為例，將近百分之六十的居民評為無危險及不受干擾（其中的百分之十三甚至毫無感知），約百分之四十的居民卻認為噪音構成干擾，當中百分之十二的人甚至感覺嚴重受擾。

由此我們也才能理解，為何有人受不了酒吧的嘈雜環境，有人卻覺得是非常合拍的輕鬆氛圍。不過嚴重的是，人們大都沒意識到這個介於自己及他人之間的感知差異是實際存在的。儘管對方確實無法在這樣的噪音環境下專心聊天，我們卻責備對方不該那樣做作挑剔。我們假定自己的感受認知與他人的一致，這即是所謂的個人世界認知偏差（My-World-Bias）：我假定自己所認知的世界也是你認知的，你經歷與我相同的事物。

大多時候，我們根本不會注意到自己和他人在純生理層面的感覺認知相差何其大。例如，鮮少人詳細討論我們的味覺（你覺得這款花蜜的味道像栗樹花蜜或椴樹花蜜？），或是這條桌巾的顏色比較偏檸檬黃還是太陽黃。更加明顯、容易引發衝突的差異，往往是人際關係議題，比如關係破裂。

史丹佛大學（Standford University）心理系學者普洛寧和羅斯對離異伴侶決定分手前的談話進行訪問，發現雙方對這段談話的認知描述迥然不同。主動結束關係的那一方，認為自己已將衝突及可能的分手意願都說清楚、講明白了；被分手伴侶的經歷卻完全兩樣。

從被分手那方的角度看來，分手大多幾乎是晴天霹靂、極不公平（「他／她事前從未跟我說明事態有多嚴重，根本不給我們一點機會。」）。反之，分手的一方卻認為對方有很多挽回的機會，套句老話：「我試過千百次，讓他／她知道事情的嚴重性，可是他／她就是不想聽。」即使雙方所持的立場與他們的真實感受一致，卻似乎認定對方的行為堪稱自私與不公平。一方不相信另一方的說詞符合自己的真實信念；一方認為已經是十分直白的話語，對方聽來卻是含糊不清的瞎話。

個人世界認知偏差可能在各個生活領域中帶來問題，畢竟個人需求、價值觀、資訊與結論，一切都由自己的觀點形塑而成，而且我們無法想像亦可從另一角度看待事物。我們揣測他人的感受認知與自己的完全重疊交集，當他人得到與我們不同的結論時，便認定是非理性——例如，今天天氣最適合騎自行車出遊，不懂善加利用美好天氣的人肯定瘋了！

這也就是為什麼從狹義角度看黃金法則的概念行不通的原因之一：即便人人都按照自己希望被對待的態度來對待身邊的人，天下也未必太平，因為每個人的需求「差很大」——令甲高興的事，乙可能覺得是折磨。

▼黃金法則的兩難

所謂的「黃金法則」乃形容人類以對等原則為基礎的基本行為準則：「你希望別人怎樣對待你，你也應當怎樣對待別人。」另一個類似原則，是德國哲學家康德（Immanuel Kant）所主張的定言令式（Kategorische Imperativ，或稱絕對命令）：「要如此行動，讓你的意志準則隨時可同樣成為普遍立法的原則。」（Handle so, dass die Maxime deines Willens jederzeit zugleich als Prinzip einer allgemeinen Gesetzgebung gelten könnte.）這可通俗翻譯成：當所有人也能像你一樣這麼做時，你的行為才合理恰當。許多人自誇按黃金法則行事，但若涉及到我們對他人的期待，此法則又代表什麼？是一模一樣的作法嗎？抑或是認知及需求層面上的類似行為？

黃金法則的困境及其錯誤詮釋導致生活中出現各式各樣的問題。假如我們只從個人認知世界的角度來觀察他人的行為，將會發生什麼偏差，可由下面曼福雷德與卡洛琳的例子看出一二。

一大早陽光燦爛，曼福雷德跟哥兒們約好要騎自行車，早餐時並對太太卡洛琳說了他的計畫，也邀她一起去。「妳不想一起來嗎？天氣這麼好！」

卡洛琳雖然不屬於熱情的運動粉絲，仍舊答應了。她心想，如果我也去，他一定很高興，我就為了他去吧，下次他也可以回饋，陪我去別的場合。

一星期後，卡洛琳和曼福雷德又在計畫週末：「今晚琵雅開夏日派對，你不妨參加嘛。」卡洛琳向老公抱怨。「其實沒那麼糟糕，我上星期還不是跟你那些朋友們騎車去郊遊了。」

曼福雷德滿臉錯愕。「請問這兩件事相干嗎？騎自行車比參加派對有趣多了，再說是妳自己願意來的！」

顯然這裡至少出現兩個誤會。誤解一，曼福雷德認為卡洛琳（及所有其他人）都會從騎自行車中獲得同等的樂趣，他將自己的行為（陽光普照的日子，再沒有其他任何活動比自行車郊遊來得更棒了）視作普遍適用的準則。卡洛琳為他做的犧牲，他沒看見；至於他是否會因為她的犧牲而高興，不得而知。也許他只想表達善意，不想在這麼好的天氣把卡洛琳單獨丟在家中。

誤解二，卡洛琳認為自己後來不過是要求曼福雷德回報她的付出——陪另一半參加活動。她以為她對待他的方式是她自己也能接受的，事實上她卻不知道，她的要求對曼福雷德而言是「痛苦」。也許對他來說，跟卡洛琳的閨密們參加派對，不僅無聊還難以忍受，所經歷的痛苦絕不能與卡洛琳自行車郊遊的「犧牲」同日而語；說到痛苦折磨，就算是要卡洛琳逛特力屋十小時，恐怕還不如曼福雷德忍受三小時派對那般難受。再加上她並未告知曼福雷德，便逕自「用自行車遊來交換夏日派對」，使他毫無機會反駁。他既不知道她是為了他而跟去騎自行車，也不清楚這個行為背後存在期待他日後奉陪的附帶條件。

曼福雷德看待當晚的活動自然十分負面：「假如妳堅持，我就來。不過我希望妳知道，這是為妳犧牲，所以也別期待我能有好心情。」

這可真是營造一個美好夜晚的最佳前提條件！卡洛琳覺得自己受騙上當，她寧可不要身旁跟著一個擺臭臉嘀咕的男人。可她就是不瞭解，他為什麼非得上演這齣鬧劇。倘若彼此相愛，自然特別願意奉陪對方。難道不是這樣？

最後兩人都為對方做了犧牲，儘管雙方各從自己的角度出發，道德上無可非議，同時也按黃金法則的概念行事，卻無人真正獲益。如果彼此能多體諒對方一些，瞭解除了自己的觀點外，還有其他認知感受，或許感覺便不至於那麼差了——有人就是不喜歡騎自行車，有人就是覺得參加派對是折磨。

發展心理學將此能力形容為擺脫自我中心式思考的能力。關於接收他人視角能力的研究中，有一項著名的實驗即是所謂的「三山實驗」。學者設計了一個三座山的模型，每座山的外觀均有明顯差異，並將兒童安排在三座山的其中一座前面（位置一），然後要求兒童從不同的圖片中選出一張符合自己觀察的圖片。受試兒童大多能順利完成任務。

接下來的實驗難度就高了：兒童應該選出一張圖片，是他們認為坐在另一座山前面的觀察者所見的景象（位置二）。尚未擁有視角接收能力的兒童總是選擇符合自己觀點的那張圖片，他們還不知道一個物件有不同的視角外觀，視觀察位置的不同，外觀也有所差異。無論怎麼改變提問的方式，他們總是選擇位置一，也就是自己的、以自我為中心的視角。對他們來說，自己的觀點就

◎三山實驗

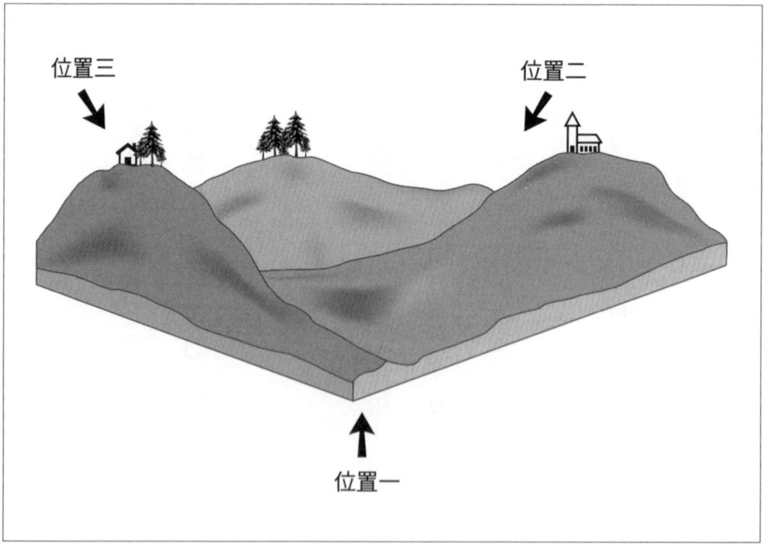

是那個觀點，而不是許多觀點的其中之一。

雖然這種能力通常在成長過程中會獲得改善，並通過三山實驗的考驗，可惜許多人終其一生對普遍視角接收的能力依舊發展不全。前面提及的學者普洛寧亦強調，許多人接收他人視角觀點的能力奇差，也不懂得體諒他人的認知相當受到個人經驗以及所得資訊的限制與影響。

人們極易被禁錮在自我的感知世界裡，普洛寧藉史丹佛大學伊莉莎白·牛頓（Elizabeth Newton）所做的「打拍子實驗」彰顯這點。受試者被分成「打拍子者」及「聆聽者」兩組，打拍子的人拿到一張列有二十五首大家耳熟能詳的流行歌曲目，並可從中任選一首歌按節奏打拍子；聆聽者的任務則是按拍子節奏猜出歌名。

由打拍子者的觀點，認為這項任務似乎不難解決，估計應該約有百分之五十的聆聽者能正確猜出歌曲。然而事實上卻只有百分之三的人猜出正確解答，顯示打拍子者嚴重低估由聆聽者視角所見的任務難度。打拍子的人當然知道拍的是哪一首歌，在打拍子表演的同時，腦海中自動浮現旋律甚至包括歌詞；聆聽者卻只聽到單調的敲打聲。打拍子者被禁錮在自我的認知世界，於是無從想像在只有敲打聲而無音樂的條件下，要猜出正確答案有多困難。

打拍子實驗又再次證明，即使人們十分努力用心揣摩他人，仍經常毫不符合。對方根據現有資訊可能得出哪些結論，以及對方的感受認知又受到基本知識多大的限制，我們一概假設錯誤。打拍子者根本設想不出，若單靠敲打聲而沒聽到歌曲的猜測結果將如何，這是典型的後見之明偏差（Hindsight-Bias，參閱第二十二章「後見之明偏差」）。

同樣情況不斷發生在我們身上。例如我們早就無法想像，自己有小孩之前對許多事物的看法是如何了。又如自己正巧不餓之際，總會為了另一半在超市報復性狂購而搖頭。停車技術高超的人，也不能理解為何有人那樣笨手笨腳，塞不進一個大空位。我們將「我的世界」和「這個世界」相互混淆、畫上等號，高估自我及外人看法的一致性。縱使人無法避免個人世界認知偏差，至少應嘗試在評斷他人時更批判性地檢視自己的觀點——對方實際擁有哪些資訊？我能確定對方也和自己有相同的需求、能力與認知嗎？

就算再難接受事實，特別是當他人的行為大大激怒我們，不禁讓人自問「這不難吧，是我要求過高嗎？」的時候，可能真的就是這樣：是的，我對此人要求太高了。

所謂千人千面，也各有所長。隨時將這點謹記於心，雖不見得能省去麻煩或不愉快，卻可幫助我們對待他人公平些，更有意義地分配私生活與工作上的任務。一些突如其來的任務，如「你不妨在活動開始時說幾句問候辭」，對許多人來說的確不成問題，但對某些人可能形同世界末日；相反地，那些人可能覺得臨時設計傳單或撰寫線上表演預告文宣輕而易舉。事先回想自己曾經受到不公平待遇，而心生「你根本不曉得對我做了什麼事，給我帶來多少困難……」的感覺，往往也有助於體諒他人；或是再想想那件白／金黃（也許是藍／黑）色的洋裝吧。

第8章

被拒千里的思考陷阱

——為何我們總在最需要別人的時候趕跑他們

克拉拉下班回到家，累得像條狗，急需一杯咖啡和幾句鼓勵的話，最好再來段足部按摩。「我現在來煮兩杯咖啡吧。」她對男友楊喊道，迫不及待想跟他訴苦，抱怨辦公室疲勞的一天還有老闆的壓力。不過，楊似乎忙著看手機，現在不想喝咖啡，只簡單回了一句「不要，謝謝」。

克拉拉彷彿被迎面揮來一巴掌，感到很受傷：他怎麼不想想她現在有多需要他。克拉拉完全沒考慮到，他五分鐘前才喝了咖啡，好不容易打起精神，準備處理一堆惱人的轉帳工作。光一個「不」字，她無法接受。楊惹來滿滿一卡車克拉拉的責備：「太好了，以前我煮咖啡你總是欣然答應；現在你只想一人獨處，可見得我對你有多重要。」

他的粗魯回答一點也不意外：「哈囉？妳吃錯藥啦？我現在正好不想喝咖啡，犯法了嗎？等妳情緒穩定再過來吧。」

這下搞砸了，克拉拉的表現把所有能讓楊坐到身邊和她聊天（沒有咖啡亦可）的先決條件都破壞無遺，氣氛已經弄僵，克拉拉更難以從楊的身上得到原本迫切需要的關注。她現在的確有理由感覺自己被拒絕了，這是一種自我應驗預言（Selbsterfüllende Prophezeihung），被拒千里的思考陷阱（Zurückweisungsfalle）。

你很可能出於個人經驗對上述行為模式感覺似曾相識，這若非來自伴侶關係，就是從職場或朋友圈而來，他們分別扮演其中一個或另一個角色：一再感到被拒絕，伴隨著每個拒絕而更加沮喪；或遭受對方非理性的指責，直至忍無可忍，當真做出拒絕反應。凡是遇見如克拉拉這樣的人，大家的確只想逃開。

心理學研究相當瞭解克拉拉等人的行為，以及從中造成的惡性循環：我們渴望他人的關注，不知為何，對方卻無法徹底滿足你的願望，因此感到被拒絕。更棘手的是，這單一的負面經驗將對我們未來的行為產生負面作用，未來的我們對拒絕的潛在跡象變得格外敏感，即使對方的中性行為也被我們詮釋成拒絕。心中的不安情緒加劇，我們越發感到不確定，向對方更需索無度。對方感覺被逼上梁山，在壓力下除了更加激烈爭取自由空間外，別無他法。這是一種走入絕路的處境，在要求親密與感受被拒之間徘徊的惡性循環。

哥倫比亞大學（Columbia University）心理學家潔拉汀・道妮（Geraldine Downey）及其團隊，也針

◎被拒千里思考陷阱的惡性循環

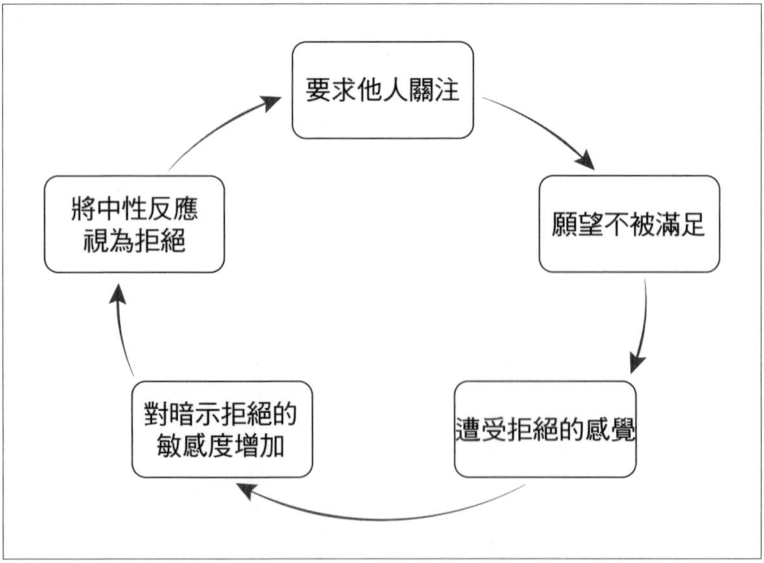

對這類受拒的敏感度以及實際拒絕之間的不幸連環爆做相關研究。他們持續陪同觀察夫妻伴侶數星期，伴侶們以日誌記錄自己的感覺及行為，結果清楚發現雙方面對拒絕的強烈差異，亦即所謂的個性化拒絕敏感度。

對拒絕敏感度高者，表現出一個毒害的行為模式：他們透過生活環境已事先預料到拒絕，並伺機等待一個能將對方行為解釋成拒絕的作為。如克拉拉這般對拒絕敏感度高者，一杯被拒的咖啡竟成為反對兩人關係的行動。他們著實反應過度，以斥責罪過逼迫對方，也挑釁對方真如她先前所料、做出拒絕。因此，其中一方的拒絕敏感度長期居高不下，便可能導致雙方關係破壞殆盡。

類似結果也出現在道妮及其團隊的研究中。首批研究一年後，學者們再度聯絡受試者，想獲知哪些伴侶還在一起。最初的五十三對中，有十五對分手，約三分之一。事實上，分手機率可由受試者當初的日記預測出來：分手者一年前的日記就記錄了較多的不滿意，興起分手念頭的頻率也高於那些仍維持關係的受試男女。

此外，分手的關鍵因素之一包括對拒絕的反應。兩性關係中出現衝突爭吵乃家常便飯，至於事後是否先出現分手念頭，至少從女性的研究抽樣中發現是取決於對拒絕的敏感度——拒絕敏感度低的女性，較不會受到與伴侶的衝突而動搖。當然吵架是不愉快的，但整體說來，它不會成為關係的威脅。我們可以想像腦中有兩個分開的抽屜，一個裝著衝突與此刻對另一半的滿腔憤怒，另一個則裝著關係與篤信兩人的關係基礎是幸福與滿意的把握。拒絕敏感度高的人，會將全部感受都納入同一個抽屜；他們認為意見相左，無論議題為何均等同於拒絕他本人。當別人持不同意見，他就將其翻譯成「你不要我」；一旦發生爭執，整個世界形同崩潰，這段關係彷彿迅速失去意義。

不僅男女關係，友情或同事關係中亦常出現被拒千里的思考陷阱，這對雙方都是一種痛苦及傷害。遭拒者苦陷於孤獨與被拋棄的感覺中，另一方此時只有做錯的份，因為對方過度敏感，正常的行為幾無效用，不論什麼行為均無法滿足對方的需求。

可是，我們如何才能不陷入被拒絕的思考陷阱呢？萬一無可避免地發生了，又該如何跳出這個陷阱呢？

擺脫這個思想陷阱的一把重要鑰匙，通常是視角審視。身為「被拒絕者」的我們，最好設身處地站在對方的立場來看待事情，檢視我們是否有必要感到如此受傷，或者我們是否在要求對方有預言的能力，因而將他誘至一個能傷害我們的位置。但問題是——難道對方是存心想熄滅我們的重要願望嗎？或者我們其實並未將願望清楚表達出來？倘若克拉拉認為對楊逑說她的一天很重要，就應明白告訴他；假如她只問他是否要咖啡，他自然無從瞭解她的願望。

毫無疑問，對方也可能真心拒絕我們；無論有沒有泡咖啡，現在都不想聽我們說，只是一味推託敷衍。這雖教人傷心，但若能保持自律，對抗當下的負面感覺、克制怒火，會是比較聰明的做法。要讓自己明白，其他做法只會更傷害自己，離原本希望得到他人重視、獲得關愛的目標愈來愈遠。對方並不會因為我們的要求或施壓便迎合，只有當他認為與我們相處能自在愉快時才會呼應，可惜你的要求與需要一點都不具吸引力。

或許你現在會想，這話說的比唱的好聽；當我內心需求強烈時，怎麼克制得住？的確談何容易。再說，不具個人獨特性的策略性行為，也無法為任何一種關係建立良好的基礎，長期下來又太勞心費力。較有幫助的是，實際降低自己對他人的需求感，重新營造受歡迎的樂觀心態。你不妨戴上心靈的反向眼鏡，突破惡性循環，並避免刻意去尋找對方拒絕你的蛛絲馬跡（起碼持續一天），而是期待等候歡迎的徵兆。感覺自己在一段關係中受歡迎的人，要求親密與關注的慾望自然也就降低了。

至於扮演被對方設想成「拒絕別人」的那一方，該如何才能氣定神閒地反應呢？至少由心理學的角度去理解對方「瘋狂」的行為就有幫助。只因為我現在不想喝咖啡就上演一齣鬧劇？乍聽之下雖莫名其妙，對方卻不見得是愚蠢或瘋了，他只不過正好處在一個大腦錯誤詮釋他人行為的狀態罷了。給他一個謹慎婉轉的提醒，即可緩和緊張氣氛，但最好避免冗長的細節討論，否則只會讓衝突尖銳化，甚至增強對方的「幻覺」與被拒的感覺。

認識這個「被拒千里的思考陷阱」，對雙方都是重要的第一步，被拒絕者通常只需透過這層認識便可逃離陷阱。在所謂的頓悟時刻（Aha-Moment），我們突然領悟到是自己在挑釁拒絕，而非身旁的人。這樣一來，即使對方口吐一個「不」字，我們也能瀟灑面對——那麼兩杯咖啡都我喝吧。

第9章

禮物的幻覺

——自私的行為披上利他的外衣

托比亞斯特地起個大早，煮了咖啡、佈置餐桌，甚至還買了一大束鮮花。老婆生日這天，一切都得完美零缺點。尤其瑪麗亞最近幾天工作忙得焦頭爛額，幾乎沒有兩個人的時間。今天她好不容易休假，而且托比亞斯中午才要進辦公室，豈不是和樂融融共進生日早餐的最佳時機！

然而事與願違——托比亞斯輕柔的一吻喚醒瑪麗亞，無奈她還想繼續睡。兩小時後依然如故。時間一點一滴過去，現已接近中午，托比亞斯逐漸不耐煩了，心想自己何苦這樣大費周章？再說他肚子也餓了，於是又進房看看老婆。「妳到底起不起床？我煞費苦心為妳做了早餐，而且現在妳也要拆禮物啊，我馬上要出門上班了。」

瑪麗亞頓時七竅生煙。「不能晚點嗎？我熬夜好幾天，累得要死，你現在還來煩我！我不需要早餐，也不需要禮物，只想安安靜靜睡覺。到底今天是我生日，還是你生日？」

托比亞斯被打槍了，不可置信地回道：「可我這一切都是為妳做的啊！」

托比亞斯說的對嗎？他的努力真的只是為了老婆？托比亞斯或許預期（且絕對希望）老婆會因他準備的生日早餐而歡喜雀躍，不過這主要還是想滿足他自己的需求，希望和老婆共度溫馨的早晨時光。而她的需求——起碼在生日這天終於可以睡個好覺——對他而言卻顯得次要了。雖然她已清楚表達心願，他仍繼續試圖將他的「禮物」強加於她。

倘若我們仔細觀察托比亞斯的行為，可說是一個禮物的幻覺陷阱。根據維基百科的解釋，禮物是自願性、無交換條件的財物或權利轉讓他人。而禮物的幻覺是，禮物的本質並非禮物，而是加諸於他人的義務，例如與對方共度時光、表達謝意的義務以兌換禮物，或以回禮來報答；其焦點屢屢放在送禮者的需求，而非受禮者的需求。

約瑟芬的案例亦同。她送老公雙人瑜伽課程禮券，想讓瑜伽變成兩人共同的興趣，結果老公感覺頗受侮辱，因為他根本不想兌換這份禮物。或芙麗達姑姑，每年姪女生日時老送些從教堂義賣帶回來的無用雜物。芙麗達姑姑當然指望姪女上門來拿禮物，於是姪女每年的例行公事就是為了這個廢物來表達千恩萬謝，不情願地消化芙麗達對烘焙零概念的成品。

與禮物的定義預設有所不同，這些禮物事實上是銜接著受禮者的回報，受禮卻沒回報就會惹來送禮者的不滿。即便對方想完全避開「交易」，拒絕禮物也幾乎不會是選項，因為很可能就此激怒送禮者，引起更多衝突，不如勉強接受。

禮物的幻覺在伴侶關係中是屢見不鮮的普遍現象。韓國高麗大學（Korea University）三位心理學家（Na Kyong Hyun、Yoobin Park、Sun W. Park）發表了一篇題為《並非每一份禮物都是給別人的》（Not every gift is for others）研究，文中報導了有關夫妻情侶間贈送禮物的背後動機。問卷結果顯示，受訪者送禮給對方的原因十分多樣，不同的人動機也有異。有情緒性的動機，如「因為我愛我的伴侶」；有「維護關係」的動機，如「因為傳統上這一天情人們會互相送禮」；但也有用以展示權力與影響力，例如「我要讓別人知道我什麼都買得起」或「我要令對方印象深刻」。這種情況下，禮物成了為到達目的的一項工具，研究人員因此稱之為送禮的工具性動機，自戀型受訪者這類的動機尤其特別明顯。這也表示，禮物背後的焦點多在送禮者而非受禮者。

不過除自戀傾向外，送禮往往可能變成壓力，為關係帶來的痛苦大於快樂，這經常發生在當伴侶將禮物詮釋為彼此關係品質的重要指標時。更糟的是，一旦對方送了不合意的禮物，又是一個災難性的訊號，因為錯的禮物代表：你沒有充分瞭解我、我不值得你付出、你不愛我。為另一半找到「完美」禮物（或千方百計暗示對方，讓他猜到自己喜歡什麼好禮物）的壓力重得難以負荷。

▼送禮的壓力：對伴侶關係造成的後果檢視

送禮是一種複雜的文化禮儀，隱藏著許多無法啟齒的規則，尤其當送禮的對象是最親愛的人時，經常構成莫大壓力。由於禮物常包含著對方近乎無法滿足我們的期待——那並非隨便某樣禮物，而是一份合適的、百分之百符合自己品味的禮物。但確切是什麼，得靠送禮者自己琢磨；假如要我們直白說出具體願望，這份禮物便失去價值。於是伴侶間的禮物也成為關係好壞的紅綠燈：受禮者認為合適的好禮物就象徵膠漆相投，「不適合」的禮物則影響彼此間的親密感。有趣的是，學者伊莉莎白．鄧恩（Elizabeth W. Dunn）發現，男性特別容易有此傾向。

鄧恩的第一項研究案乃以抽籤方式將互不相識的男女配對，再觀察禮物對初識不久的男女產生之效果。受試者的任務是從十二份禮物之中，為配對的另一半挑出一份禮物，對方若幸運抽中籤，可在研究案結束後獲得這份禮物；受試者會得知對方為他們挑選了什麼禮物。但男性受試者對不合意的禮物產生的負面反應較強烈，會認為和配對女伴氣味不相投。

第二項研究案則觀察真實伴侶對禮物合意與否的反應。此處同樣也是男性對不合意的禮物反應較強，感覺與女伴的契合度不高，甚至認為兩人未來關係前景黯淡。值得玩味的是，對部分女性受試者甚至出現反效果。她們收到不合適的禮物後，反而給予未來關係較正面的評價；儘管根據本人描述，禮物確實毫無吸引力（與男性之描述相同）。造成這種結果的原因不明，也許她們覺得拿到差的禮物對未來關係構成威脅，必須加以平衡補償，因此對未來的期待特別樂觀。無論如何，唯一確定的是，沒有人不在意另一半送的禮物，兩性都將禮物的合適性與彼此未來的關係相連結。

伴侶關係中這種充滿壓力的送禮行為亦屬於禮物的幻覺——已非為對方製造快樂，而只是要證明自己配得上對方。此外，倘若送錯或甚至沒送禮物，導致關係面臨危機，那麼禮物的自願性也備受質疑。自發性、出於真心誠意的禮物在此條件下毫無空間。

我們該怎麼做，才能讓禮物重新變成如假包換的禮物，讓我們重新擁有送禮和收禮的快樂？送禮者和收禮者雙方都可以努力。

身為送禮者：

- 挑選禮物的同時請捫心自問：這真的是會讓對方高興的禮物？或可能是我想藉此讓對方變成心中所幻想的那個人（包裝成健身DVD、食譜、慢跑鞋等）？若你把東西當作伴手禮，而非正式的禮物，與對方坦誠溝通，他也較容易接受你的建議。例如：「我帶了點東西回來給你，如果你願意試試看，我會很高興。」
- 替對方挑選適當禮物時，無須給自己施加壓力。既不必迎合對方的期待，也不用受制於禮物如何搭配場合才算得體的習俗規範。比禮物更重要的是傳達一個訊息：我想到你了，並沒忘記你的生日。
- 萬一沒找到合適的禮物，也千萬別敷衍了事、送無用的雜物，否則雙方的感覺都不佳。不如實話實說：「我左思右想，你真的需要一個新的某某東西，可惜我沒找著心中所想的完美款式。要不要下週末我們再一塊兒去挑選？」

身為收禮者：

- 請盡量擺脫對禮物的期待。不妨給送禮者一個機會，讓他保有輕鬆愉快的送禮心情。你也會由於無所期待，給自己一個收到各種意外驚喜的機會。
- 請勿為了收「禮物」而倍感壓力。告訴自己，真正的禮物不會要求回報，而身為受禮者的你也有機會禮貌謝絕，倘若你覺得收禮會招來的問題多於喜悅。不妨從複雜的相互義務糾纏中解放出來，尤其這是你原本就不感興趣的義務。

最後再給進階讀者一個建議：有心思變者，請在伴侶、家庭或其他習慣送禮的關係圈中尋求溝通，思考是否願意共同開闢一條新道路——不如我們甩掉送禮的壓力，讓禮物成為真誠、無須期待回饋的自願性心意好嗎？這也包括不受特定節日的支配，何時得送上一份完美的禮物；一旦有時間壓力，就不可能完美了。難道遲來卻稱心的禮物，會不如情人節準時送上平淡無奇的禮物來得更有價值？任何一個獨立於習俗成規之外的時刻，倘若機緣湊巧，獻給對方一個小小的驚喜，更能讓雙方獲得加倍的喜悅。

不過請留心，這項實驗只能在你徹底有心的條件下才可進行，否則最後將步上不少熟識家庭所描述的後塵——大家雖已約法三章，聖誕節不再互相送禮，結果卻有人因為對方遵守約定而大失所望。他想，起碼可以送個小禮物。送大禮者，就表示家人在他心目中的地位特別重要；而遵守約定、什麼都不送的人，就代表家人對他一點都不重要。不再有禮物的幻覺到此可謂完美，聖誕樹下的鬧劇亦然。

第 9 章　禮物的幻覺

第10章

歸因偏差

——替他人行為尋找原因常犯錯誤歸納

寶拉忙得快喘不過氣，她趕著去採購，準備今晚招待客人。然而事事都與她作對，不但莫札瑞拉起司賣光了，退瓶機也拒絕她的空瓶。偏偏手機又來讓她分神——來自妹妹安雅的簡訊。安雅最近找到第一份工作，剛搬到新城市去，患了職場新鮮人慣有的環境適應不良症候群。「這裡的一切都令人生厭。我的老闆是混蛋，同事們也都私底下在搞小團體，我根本打不進去。我一定得回來找你們，明天就遞辭呈……」。

要是現在有時間，寶拉一定會立刻打電話給妹妹，好好安慰鼓勵她一番。那起碼簡短打幾個字回答她吧，一邊用另一隻手把購物車的東西放到結帳輸送帶上。「振作一點，心愛的妹妹！給事情一些時間……一切都會好轉的」，再加一個笑臉符號。她知道妹妹多麼苦惱，不過也該是學習長大的時候了，別把所有事都看成悲劇。

安雅的回答不消片刻便傳來。「妳要說的就是這些？我早知道自己對妳不是真的重要，妳就覺得我總是那個煩人的小妹妹。」

當下寶拉真不耐煩了，她特意花時間回訊，這還不對。可是既然已開啟對話，也無法再回頭；現在她若不回，妹妹恐怕會全面失控。正值分身乏術之際，寶拉還得寫個冗長複雜的簡訊，或乾脆打電話向妹妹解釋自己既沒生氣、也非不耐煩，只是此刻正好在忙，沒時間細細長談安雅的問題罷了。

由安雅這邊看來，這個解釋確實迫切必要，因為她已經完全崩潰，堅信全世界都聯合起來對付她，連姊姊也不想搭理她。

安雅如此負面看待姊姊，是基於所謂的歸因偏差（Attributionsfehler）：她將姊姊的行為統統歸咎到姊姊的觀念及性格（她不關心我！），完全忽略姊姊當時的狀況可能對事情造成什麼影響。（說不定她在忙，但基本上我對她是重要的，所以此刻才不像平時那樣詳細回覆，只簡單寫了幾句。）總括地說：縱使外在因素才是關鍵性的，安雅卻僅僅揣測了內在因子，將行為全部歸結於寶拉的性格與基本態度上。

數位世界的溝通出現誤會的機率十分頻繁，如臉書、Instagram與WhatsApp等科技傳達給人們一種感覺，能持續掌握別人正在做什麼的訊息。利用形形色色的貼文、他人寄來的自拍和語音留言，我們可以橫跨地球追蹤他人的生活，甚至還使用一些即時位置（Live-Standort）的功能，精確標定對方置身何處。藉由WhatsApp中的藍色勾勾，我們可以看到他人是否已讀取訊息，然後推斷對方的日常作息——他現在大概剛起床（已經接近中午了！）；此刻他可能剛從足球場回來，正查看手機；他這時應該回覆我的訊息了（他膽敢不回我！）。

然而，這類科技同時也營造了一種親密的幻覺：我們太習於不間斷的接觸，以致當對方一次沒回覆，便容易激怒我們。他可能有充分的理由，但我們根本不予考慮。遲來的回覆即被認為是缺乏尊重的象徵。

筆者聯合丹尼爾・烏里希（Daniel Ullrich）對這類數位世界的社會衝突做了進一步研

究，並蒐集相關經驗報導，也發現歸因偏差經常是衝突原因之一。例如一名受試者跨年去度假時，刻意關閉手機，想藉此讓大腦獲得徹底休息，對別人的新年祝福因此也回覆晚了，惹來極度的不諒解，不少朋友因此氣惱失望，認定：「跨年夜不傳訊息給我者，大抵認為我不重要。」

人們就是想不到，事情也有其他可能的解釋，或是度假時關閉手機，便逕自將對方的行為貼上「負面」標籤，忽略特殊狀況的理由。

早在智慧手機發明之前，心理學界便注意到此一現象以及充滿衝突意味的文字訊息。首先是一九七〇年代學者羅斯的研究，及其關於普遍行為傾向的描述：我們根據他人的行為來判斷對方，無論促使他們這麼做的原因何在。我們多半是從對方的個性與人格來揣測尋找；外在的影響因子（例如社會與情狀因素），則經常受到忽略。

以反向推論法（Umkehrschluss）來說就是，倘若外在因素導致一個人的行為不符合他本人的性格或真實立場，歸因偏差便可能引發我們對此人一個完全錯誤的印象；有趣的是，甚至當我們已被明確告知有外在影響因子時仍舊如此。

▼歸因偏差的早期心理學研究

社會心理學家瓊斯（Jones）與哈里斯（Harris）於一項早期研究中，要求受試者閱讀一篇（據說）由某人撰寫的文章，文中對某爭議性議題表達明確政治立場，例如贊同或反對菲德爾·卡斯楚（Fidel Castro），然後請受試者對此人進行判斷。其中一半的受試者被告知，作者可在文章中自由選擇政治立場，贊同或反對卡斯楚，即所謂的有選擇條件（Choice-Bedingung）；另一半受試者則被告知，作者事前受指定應表達贊同或反對卡斯楚的立場，亦即所謂的無選擇條件（No-Choice-Bedingung）。由此我們可假設，文章中的立場是透過情狀或研究指導人的指示而決定的，並不一定符合作者本人的真實意見。全體受試者讀完文章後，被要求以不同的評分量表評估作者的意見（贊同或反對卡斯楚）。

結果：受試者均揣測作者的真實意見符合文章中代表的立場，不論在有選擇條件或無選擇條件下。這表示，即便已被告知有外在因子介入（作者被指示採取某種立場），人們進行判斷時依舊忽略這項認知。

其後數年，陸續有學者以不同的變化形式及背景發表了相同現象。

在網路與社群媒體興盛的時代，對他人的形象塑造除了人際間的直接接觸以外，更受到網路自我呈現的影響，例如臉書的個人檔案（Profile）及上傳的照片。筆者與拉拉·克里斯多佛拉克斯（Lara Christoforakos）共同以自拍照片為例，研究這個領域的歸因偏差意義：我們感興趣的是自拍照的姿勢，對觀察者推論自拍者性格的誘導力量強度。

研究人員向受試者展示一張年輕女性的自拍照，其姿勢是網路上千篇一律典型的「自拍姿勢」——自己在照片中央、目光直視鏡頭、微張嘴唇、幾縷髮絲看似隨意卻完美地裹住臉龐，鏡頭角度微微上仰，顯得臉型更加細瘦……受試者的任務是形容照片女孩的性格。

根據上述的歸因偏差研究典範（Forschungsparadigma），我們比較兩種實驗條件：在指令條件（Instruktionsbedingung）下，受試者獲知自拍女孩受收到必須擺出此種姿勢的指示；而在控制條件（Kontrollbedingung）下，受試者並未獲得任何關於自拍照的資訊。

如同以往其他學者對歸因偏差的多數研究結果，女孩受到指示的相關資訊並未影響受試者對自拍人的判斷：不論實驗條件為何，自拍女孩均被受試者認為是自戀、外向、有自信，卻不夠踏實。換言之，即使受試者事前已知女孩是依指示擺姿勢而拍照，仍會以其自拍姿勢來判斷她的性格。

可見人們的思考模式總是一成不變：將他人行為與其性格加以連結，而不追問可能有哪些外在因素影響此人的行為。勸導人們多將左右他人行為的外在條件納入考量的反制措施，也經常徒勞無功。

又如數位溝通領域中，處處可見人們使用事先完成的末端備註（譬如「發自行動裝置，筆誤請見諒。」），以便傳達有關發訊者的情況，希望收訊者體諒對已發訊息之任何疏忽。然而諸多研究卻發現，這類備註之於對方的印象幾乎不起作用。訊息中的打字筆誤會留下負面印象，使人對發訊者在其他方面也做負面判斷，例如此人不夠謹慎、可靠等；

發訊者是在外出途中發送這項訊息的事實，卻不被認為情有可原。甚至收訊者極可能在閱讀時根本就忽略了這條備註，正如筆者與卡洛琳．雷姆（Karolin Rehm）及辛蒂亞．馬尼斯（Cintia Malnis）所做的研究結果顯示。

綜上所述，本章開頭案例中安雅的行為以及她對姊姊簡短回覆的負面反應，儘管不公平，也令人遺憾地引起和姊姊不必要的衝突與雙方不愉快的情緒，但若由歸因偏差的觀點看來，卻是可以諒解的。

避免歸因偏差並不容易──我們如何知道對方是處於何種特殊情形下做出此等行為？雖然如此，仍值得一試。至少不要立即將對方的負面行為與你個人相連結，而是考慮到可能發生你正好不知情的狀況，即可避免許多不必要的負面情緒。不再將一切事情針對自己，便能放下心中的負擔。祝你成功自我解脫！

第11章

「我比你想像中更了解你」的錯覺

——我們經常高估對別人的認識

凱坐在企管系的聽講課上，無聊到發慌，這位傲慢年輕教授的陳腔濫調實在難以忍受。他充滿鄙視的眼神瞟過講堂裡一排排的座位，同學們個個宛若聚精會神、入迷地傾聽著廢話。「他們真是一群笨綿羊」，凱感覺自己彷彿來自另一個星球。

或許凱對上課和人生的體驗，確實與坐在身旁的人截然不同；也或許有幾位同學並不如凱所想的，他們同樣不認為課程內容吸引人。

「我比你想像中更了解你」的錯覺相當普遍常見：幾個大學生活的觀察、網路的陳述和照片、幾分鐘的派對閒聊。單憑些許對別人的觀察，我們總是自認為已得知足以描繪出一個人形象的資訊。同時，卻認為別人並未真正了解我們，不允許他們單憑少數同類型的資訊，就對我們下正確判斷。

這種扭曲的認知亦出現在實驗中：心理學家普洛寧的團隊進行了一項研究，讓一群素昧平生的受試者互相提問，以便認識對方，例如「你如何期許十年後的自己？」、「你夢想中的暑期度假如何？」。對談結束後，每個人應評估自己對對方的了解程度，以及對方可能認識自己多少。受試者的回答方向十分清楚——他們依據簡短的交談，自忖對別人的了解勝於他人對自己的認識。

我們可以憑仗粗淺的印象對他人進行全面判斷，這種幻覺可能為人生帶來不利的影響，無論是對伴侶選擇和友誼的失望，或徵才面試的錯誤決定等等。

許多企業老闆與人事主管們常常自認具有知人之明，能夠單憑一次面試選拔出最佳的職位候選人，因而不太重視試用期考察或仔細審視應徵者的履歷。但其實，後兩者才能在許多方面做出較精準的預測。對於大學申請人成功獲取文憑的評估方面，教授對候選人的面試判斷，也遠不如客觀資訊（例如中學的平均成績）來得準確。

因此心理學家理查．尼斯貝特（Richard Nisbett）也認為，只要掌握了包含關於應徵者重要資訊的檔案，最好**不要面談**應徵者，除非老闆能壓低面試估總評分的比例。然而，他認為這可能性微乎其微，因為我們就是太有自信，以為單憑自己的觀察即可正確論斷某人的能力與特質——可惜這幻覺是錯的。

由心理學的角度，其實不難理解為何會出現「我比你想像中更了解你」的錯覺：學者普洛寧認為，關鍵就在有關自己和他人資訊多寡的差異。說起自己，我們能從不同的來源蒐集到豐富的資訊，知道如何在特定場合表現適當行為，也了解內在的自我。而對他人，由於能掌握的資訊有限，多半只能從他對外顯現的行為來判斷。而外顯行為與內在觀點不一定相符的事實，我們是心知肚明的，因為自身就是最佳例證。

我們日復一日不斷重複做著行為表現異於當時內心想法的事。為了社會群居生活能正常運作及出於禮貌緣故，確實有其必要性，但這無助於彼此的了解與認識，以及表露個人的整體性格與特質。

凱不僅在企管系上課時神遊四海，與艾娜姑婆每週一次的下午茶也不例外。他喜歡艾娜姑婆，聽她興奮地述說五十周年高中同學會，他頻頻點頭贊同。不過光是想像同學會的場景，就令他不寒而慄。多少老人同聚一堂，老故事更是多得數不清……可怕啊！他高中畢業才五年，就已經不想再見到老同學了。可是這念頭還是留給自己，別說出來吧。甚至當艾娜姑婆開始對抽象意識和人死後的生命提出最新理論時，凱也懶得解釋為什麼他毫不同意她的想法，因為辯論非但沒有結果，只會引來艾娜姑婆不必要的激動情緒；況且凱也得告辭去運動了。如果這麼想能讓她快樂，有何不可。

倘若以第三者從旁觀察的角度來看，凱的行為很可能被錯誤解讀為贊成——凱，一個性格開朗的年輕人，誠摯關懷老人，對心靈事物也抱持開放的態度。他一定很樂意陪伴艾娜姑婆參加下次的同學會，而她也有了一份給他的完美生日禮物：杜塞・度斯特（Dussel Düster）的最新暢銷書《超乎肉體之旅》（Reisen jenseits des Körpers）。

可見「我比你想像中更了解你」的錯覺難以避免，同時也為我們的日常生活、人際關係以及對他人的判斷提供了幾個有趣的結論。我們首先只能仰賴由觀察所得的資訊進行判斷，這無可厚非；反之，一旦我們開始揣測他人的內在狀態與動機，往往錯得更離譜。因此，根據他人實際的言論與行為來判斷，仍是一個較穩當的簡單法則。

不過我們應避免落入謬論的陷阱，不該僅憑個別情形的印象觀察，便描繪出他整個人的「真實」性格。假如我們想明確知道，最好針對焦點進一步詢問：「上回你對艾娜姑婆的死後人生理論似乎頗感興趣。你真是這麼認為嗎？或者你是怎麼想的？」說不定你會得到意想不到的答案。

特別是當我們對他人的判斷可能造成深遠影響時，例如選才面試或剛交往兩個月就論及婚嫁等，值得將判斷的基礎加深拓寬。應當試透過其他資訊補充自己當前的印象，比如選才面試時，佐以較客觀的資訊如畢業成績、證書及實習試用結果等；選擇伴侶時，最好先有一段經歷過各種不同狀況的長時間相處，也就是盡可能模擬「永遠」的代表性寫照。

筆者在結尾給讀者一個好消息，「我比你想像中更了解你」的錯覺，既可能使我們認為自己與他人的相似度大於實際的相似度，也能導致完全相反的結論。或許我們一旦越過他人外表印象的濃妝之後，即可發現彼此的相似度竟超乎先前想像。也許鄙視企管教授講課的學生並不只有凱一人。類似現象亦常發生在派對上，個個儼然興致盎然，享受著觥籌交錯，唯有自己是與人格格不入的異類——其他人是否一如上傳至Instagram的照片那般，真覺得派對很酷，也許和對方私下一聊即可見分曉。

第12章

情緒修復偏差

——當我們愈想化解衝突，就愈容易弄巧成拙

沙賓娜十分肯定，他絕對藏了什麼心事，她的老公……又來了。他應該不會無緣無故噘嘴生悶氣，可惜他不願承認，只是敷衍地說有點累。這讓沙賓娜更按捺不住：他老是這種壞情緒，難道有什麼不能對她誠實以告的？她本來滿心期待著屬於兩人的夜晚……自己應該幫得上忙啊！於是她一次又一次試圖接近。「我看得出來你有心事。跟我說嘛，否則我也幫不了你。」

此刻他的耐性終於溢過界限，約克發火了。「十分鐘前我還沒問題，現在真的有了。問題就是妳！請別煩我，讓我靜一靜行嗎？」

你很可能對沙賓娜的案例心有戚戚焉，尤其我們正好除了一個琴瑟和鳴的夜晚之外，什麼都不想要的時候，偏偏事與願違，還受到另一半如此不公平的對待；明明一番好意，卻惹來一身腥。如同前章本意善良的認知偏差（參閱第三章），盛情美意（想改善對方的心情）可惜未能結出善果，非但接近不成，反而使對方把距離拉得更大。造成這種矛盾效應的原因——仔細觀察，這也和本意善良認知偏差雷同，並非以他人的需求為先，而是自己的。

沙賓娜無法忍受自己的負面情緒，不願接受老公分明是無來由的壞心情，一味地鑽牛角尖，所以無論如何都要修復她的負面情緒，並全力試圖幫老公甩掉她臆想的負面心情。事實上，她要整理的是自己的感覺，而非老公的，這即是所謂的情緒修復偏差（Emotionsreparatur-Bias）。

因此才會發生愈想化解衝突，卻弄巧成拙，使衝突尖銳化的情形。此刻是自己的不安情緒在對我們惡作劇——自認盡了最大努力，我們的積極作為卻不幸引爆衝突尖銳化。此時儘量耐心等待，並另尋事務活動，轉移思緒焦點，不僅有助於緩解氣氛，也提供另一半更多空間。只要他感覺有需要，自然會重新主動接近。因為大家都厭惡他人干涉自己的問題，也不願自己的時間被剝奪，何況別人還戴著「為你好」的美麗面具。

尤其情緒修復偏差一旦與罪惡感相結合，極可能引發強烈的致命效應。當人們開始良心不安，假設自己也是造成對方負面情緒的原因之一時，就更難以接受對方的拒絕了。

罪惡感事實上是最痛苦不堪的情緒之一，心中自然千方百計想擺脫它，此乃人性。因此苦於愧疚感者幫助他人的意願也較高，雖然受幫助的人可能和引發愧疚感的源頭根本毫不相干。如同心理學家丹尼斯．黎根（Dennis T. Regan）及團隊的研究結果，其中的受試者以為自己弄壞了照相機，事後購物時也願意幫助陌生人撿拾購物袋翻覆的散落物品。

▼實驗：罪惡感與購物中心的助人行為

黎根及其團隊藉購物中心的一項實地實驗，研究罪惡感對助人行為的效應：研究主持人藉口請求偶然經過的路人幫忙拍照，並將照相機交予其手，不過照相機無法運作。

其中一半（非自願）的受試者完全不知所措，但被告知罪不在他們，相機畢竟極為老舊，不時「鬧罷工」；另一半則遭受指責，謊稱他們弄壞了相機，欲藉此喚起受試者的自責心。果不其然，受試者似乎在「罪惡條件」下產生急欲彌補的心理需求。

數分鐘後，受試者見到一名年輕女子（實際上是研究團隊成員之一）的購物袋翻覆，導致物品散落一地。被告知相機壞掉罪不在他的那一半受試者宛如毫無助人的心理需求，二十人中的十七人均繞過年輕女子而行；反之，處於「罪惡條件」下的另一半，卻大多主動幫助女子撿拾掉落的物品。

此處同樣出現情緒修復的需求——心生愧疚的人急於擺脫負面感覺，自然會利用下一個最適當的機會，藉由善舉以洗刷遭誣陷的罪惡感。

因此，自任何地方招來的罪惡感反而能為他人帶來正面效應，從我們急性的助人心理需求中獲益。反之，倘若正巧此時無意尋求協助的對方還必須幫忙修復我們的情緒，情況便有雲壤之別了。被我們相中的協助對象每每拒絕接受不請自來的幫助，導致衝突擴大，猶如沙賓娜和約克的例子。這個思考陷阱的潛伏危機是，沙賓娜難以透視自己行為的問題癥結所在——她好意幫助約克抒發心事，有何不妥？

情緒修復偏差不僅發生在伴侶關係中，它隨時隨地可能出現，只要是彼此重視的人們，由於一方的退縮造成另一方不快的感覺——我們無法忍受被拒絕，因此急欲修復自己的情緒。

珊德拉亦然，由於她說了一句未經大腦的笨話，讓好友妮可相當受傷。其實並非什麼大事，妮可也不想再繼續攪和衝突，她只是需要一點時間。可是珊德拉偏不接受——她要立刻修復她的情緒、要閨密保證一切都沒事，於是絞盡腦汁，以各種藉口用簡訊轟炸妮可：「祝妳今天看牙醫一切順利」、「陽光多麼璀璨的傍晚，不由得想起我們一同散步的閒情」。珊德拉不放棄能得到閨密回覆的希望，讓她感覺好過一些。

不過妮可還需要時間，無關痛癢的簡訊不斷湧來令她煩躁，也迫使她一再想起那次的衝突。她愈保持緘默，珊德拉的痛苦就愈無止境，非得掙脫負面的感覺不可。「為什麼她要讓我這樣坐立不安？我明知她也在等待我們一起重新踏出家門。」她的判斷是錯的。妮可確實想要安靜，一次次修補關係的嘗試，只會更拉長傷口復原和再次欣然見到珊德拉的時間。

結論是：情緒修復偏差是一種陷阱四伏的心態，讓原本不值得大驚小怪的彆扭，無端演變成真正的衝突。急欲甩掉負面情緒的心理需求，促使我們經常採取一些事後反悔的行動，因為它會造成非我初衷（重新接近對方）的反效果。

另外，情緒修復的需求也經常受他人利用，譬如積極說服我們為他關切的事進行捐獻，因此故意事先引起我們的良心不安。心懷內疚的人，便有極大的需求要修復他的負面情緒，容易做出不符原先意志的非理性行為。

那麼我們該如何避免成為這種思考偏差的受害者呢？不妨拿日常生活做為訓練環境，並自行觀察：

- 你不時從事修復自我情緒的行為嗎？成功的機率多高？
- 想要修復的感覺從何而來？這真是你發自內心的惡劣感覺嗎？或是聽信他人遊說而來？也許是我從他人身上猜測而來的感覺？只因伴侶一副情緒不佳的樣子，我就一定要有負面感覺嗎？

能做到不再將假想的他人負面情緒變成自己的，自然就能破壞情緒修復偏差的地基，因為沒有壞心情的地方，便沒什麼好修理的。

第13章 極端化的陷阱

——人們老是將彼此之間的鴻溝愈挖愈深

羅倫有個超酷的點子：舉辦圓桌會議討論薪資透明的問題。數星期來，公司內部的氣氛沸騰不止——未來員工薪資都應該公開透明化嗎？透明化能提高大家的滿意度嗎？或者看到同事的薪資單會更加憤恨不平？大家各持己見，爭論也早已遠超出最初的議題了。這樣下去是不行的，羅倫主動介入協調，想重新回歸和諧，大家應該就事論事，彼此開誠佈公。公司主管同意羅倫的主意，各部門代表也將出席交換意見。

然而，就在羅倫關注討論會發展的同時，他開始懷疑，不但彼此體諒對方的意識並未增強，現場氣氛反倒越發尖銳，各方立場也趨向極端化。最後仍有兩大陣營對峙不下，根本嗅不到一絲他所期盼的和諧氣味。

羅倫經歷的場面是一種熟悉的心理效應：極端化陷阱，又稱為錯誤極化效應（False Polarization Effect）或虛假極化（Trügerische Polarisierung）。因為兩陣營間存在的實質差異並不如表面那般格格不入，所以虛假。極端化陷阱乃任由表面的極化現象形成，但此極化實際上卻不存在。舉例而言，男女對異性的價值觀與信念的差異評估遠大於實際差異；反之，對同性價值觀的相似度卻過分高估。此乃心理學家安東尼・巴斯塔迪（Anthony Bastardi）進行問卷調查後的結果，可謂一種感受性的性別差距（gefühlter Gender Gap），實際並不存在的差距。

▼研究：教授落入極端化陷阱

學者以高等學府為範圍進行了另一項極端化陷阱研究，調查對象是美國大學及學院的英語教師。研究人員羅伯特・羅賓森（Robert Robinson）與達契爾・克特納（Dacher

Keltner）請受試者研擬一張英國文學初級班課程的閱讀書目，從五十本書籍中挑選他們認為最合適的十五本作品。

研究人員對兩組教師的陳述特別感興趣，其一自認是「傳統派」（Traditionalisten），其二是所謂的「修正主義派」（Revisionisten）。兩派的差異在於教育政策觀念，前一派認為學校教育是社會經濟地位出身較低兒童向上爬升的機會，後者則認為學校反而是拉大既存差距的場所。此外，受試者還被要求評估另一派可能開立哪些作品。

受試者於此也落入了極端化的陷阱，兩派對另一方的評估過於悲觀，雙方幾乎不期待書目的相似度。但事實顯示，兩組所選的作品有相當程度的一致性。儘管彼此政治觀歧異，兩組教師卻都廣泛認為，一些古典作品，如莎士比亞（William Shakespeare）的《馬克白》（Macbeth）與維吉尼亞・吳爾芙（Virginia Woolf）的《達洛維夫人》（Mrs. Dalloway）是不可缺少的課程教材。換言之，教師們相信彼此價值觀的差異性大於實質差異。

類似情形在日常生活中隨處可見。

我們掉入極端化的陷阱，看待自己和他人之間的鴻溝不可踰越，即便它根本不若想像中那樣深。至今未曾戒肉茹素之人，想必也跟保護動物完全沾不上邊；把小孩送到雙語幼稚園的人，八成週末不會投身難民事務，乾脆就別問了吧。縱使我們嘗試對話，也未必能改善情況，拉近距離；相反地，假若我們真把自己的實際立場以更極端化的形式呈現，說不定反將鴻溝愈掘愈深。

學者普洛寧、普奇歐和羅斯透過以下機制解釋該現象：人與人之間原本的

◎極端化的形成

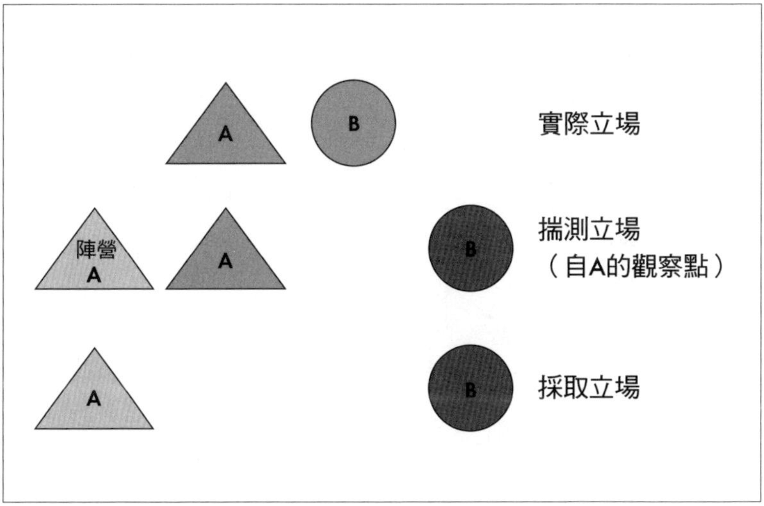

圖片採自普洛寧、普奇歐和羅斯，2002。

看法差距其實不遠，但我們對他人的差距揣測卻遠得多——我們視對方和自己的距離大於實際距離。我們不僅過度誇大自己和對方的距離，甚至在估量我方陣營的立場也比本人的實際立場來得更極端，因此與對方陣營的距離宛若千里。儘管我們站在較中間的位置，視自己為所屬陣營中的溫和派，但於公開場合中仍抱持較激進的論調，畢竟我們必須積極團結對抗對方陣營的錯誤見解，於是自己的實際立場（圖示最上方）在公開辯論中變得極端許多（圖示最下方），兩陣營間的鴻溝也顯得比實際的還更深更廣。

多數的衝突與爭執根本無法達成妥協，因為第一步就奠基在錯誤的假設上；派系間的觀念實際相差不遠，只是誤信彼此的歧見南轅北轍罷了。正由於如此錯誤的假設，我們下一步自然更加強化並證明這個（錯誤的）認知：只因相信對方意見與自己背道而馳，於是產生防衛的需求。為了強硬表達某個立場，對方的合理論據完全忽略不計，也一改我們原本面對志同道合者可以輕鬆抒發己見的態度。比起真實的自己，我們顯得激進許多；對方亦然，所以本可達成妥協的雙方立場演變成水火不容。

由此亦衍生出以下矛盾效應：不但一般的衝突反制措施（「圓桌談判」，大家面對面坐下，先坦誠交換立場意見）屢屢無效，反而引發衝突尖銳化，好比本章開頭羅倫在公司的經歷。

尤其當「圓桌會議」受到公開注意時，如電視脫口秀，將導致效應加劇。倘若目的在於說服廣泛的社會大眾贊同本身立場的正確性，各派就更不可能互相讓步，承認對方的論點也有理有據。比起大家以朋友身分談判的閉門會議，此時將不擇手段讓自己極端化。

現在的問題是，究竟極端化陷阱有沒有出路？或者透過意見交換嘗試拉近彼此距離，就注定出現反效果？

首先建議，如果討論會的目的是徹底交換意見並冀望拉近距離，則應避免公開。此外，根據學者普奇歐和羅斯的研究結果，事前做好功課，一一列出對方陣營最有力的論據，有助於務實評估雙方的差異與共同點，是一個既簡單又有效的方法。可見，為營造一個合作的氛圍需要比召集圓桌會議更多的元素，以及一個對對方論點的實際分析討論。

同理亦適用家庭紛爭及嘗試尋求解決工作問題。縱然談判完全沒有形式範圍，此法同樣有效。與男女朋友、兄弟姊妹或老闆談判敏感議題前，先思考我能多了解對方什麼，純粹思想上模擬對方最有力的觀點，即能幫助我們避免落入極端化陷阱，不會將彼此之間的鴻溝愈挖愈深。

第 3 部

邁向幸福與自我實現之路

的心理陷阱

第14章 「只要相信你自己」的陷阱

我們頻頻把最後一分力氣浪費在遙不可及的目標

筆者不久前在女性雜誌《情緒》（emotion）讀到一篇關於「正面思考2.0」（Positiv denken 2.0）的主題報導。一名女子向閨密們提到一個新職位選擇，不過她並不想接受公司給她這個企劃案主持人的職務，因為目前的她自認還無法勝任。閨密們一聽大為驚訝，她怎能任由手中的大好機會白白溜走？於是立刻獻上一計：「妳必須相信自己！」

文章作者雅慕特．西格特（Almut Siegert）帶出重點——「人可以單靠正確的價值觀掌控他的人生」，這個信念現今似乎紅遍天下。例如命運、界限、惡運與偶然等概念已經過氣了，只要你的意志堅決，一切都是可能的。

這個故事點出了當前的時代精神是典型「只要相信你自己」的信條。未達成目標全是意志不夠堅定的結果，顯示「可能你並非真的想要」，或「代表你不覺得這很重要」云云。

現代人幾乎已不容許自己務實思考。假如不把一切視為可能，那麼達不到目標就是錯在自己。懵懵懂懂草率創業，只抓著無論如何應該行得通的念頭，因為我們也想像不到其他結果，還贏得身旁眾人興奮的鼓勵掌聲，這是熱情與信念帶領我們走向成功的最佳典範。

它也是一個美麗與浪漫的想像，由典型「洗碗工搖身一變百萬富翁」的故事支撐著。朋友圈中瘋傳著某同學的新聞，多虧一個簡單的App創意，使他現在不愁吃穿；媒體報導演員及音樂家從貧民窟的街頭流浪兒變成超級巨星，就是因為他們堅持相信自己。

名人傳記和其他紀錄人生的書，大多有個美麗而激勵人心的奮鬥故事，由熱情加雄心抱負、努力與必達目標的意志組合而成。這些有幸被公開的都是成功的故事，然而其他許許多多也有堅強的意志、付出一切努力，仍永遠靠不了成功之岸的故事卻被忽略。儘管不乏成功的信念，創業最終只留下堆積如山的債務和沮喪絕望，這些案例可能佔統計數字的絕大部分，卻鮮為人知。

由此可知，樂觀的基本信念亦可能成為「只要相信你自己」的陷阱。我們被困在一個相信正確的價值觀遲早都能讓人達到目標的概念裡，除了繼續再接再厲，別無他法。類似於加碼投資同檔股票的錯誤（參閱第二十三章），我們從不對做法與路線提出質疑，而將一切推給劑量不足的緣故，假如成功尚未來臨，表示我們還不夠相信自己。

「只要相信你自己」的陷阱，同時還隱藏著具體危險——我們把全部資本都押在一張牌上，專注唯一一個目標；投資愈多，風險愈高。因為一旦投入愈多精力、時間與金錢，當我們必須承認一切投資都石沉大海，再多也不足以達成目標時，便可能瀕臨崩潰，即是所謂的沉沒成本效應（Sunk-Cost-Effekt）。

「只要相信你自己」的陷阱埋伏著最嚴重的危機，莫過於職業選擇或找到人生使命的願望。畢竟純粹以時間角度而言，職業選擇就決定了人生絕大部分的面貌。

主張內在聲音告訴他除了將人生奉獻給吉他之外別無另類選擇的人，「是腦袋有問題」，杜伯里在《生活的藝術》書中針對使命的壓迫做了如此毀滅性的結論。杜伯里警告不應抱持「我別無選擇」的念頭，彷彿選擇做某特定之事，即認定是選擇了天生使命。

心理學家阿尤沙・諾伊包爾（Aljoscha Neubauer）也對以熱情為導向的職業選擇觀念，抱持懷疑態度，因為決定事業成功與否的實際關鍵是能力大於興趣。一個人對某事物興趣盎然，不代表這方面的能力必定特別強。當然這並不意味我們就應該選擇毫無興趣的工作，只是最好謹慎以對，避免單憑興趣及自我信心做基礎，以為其餘的自然會水到渠成。

倘若其他條件不對，即便有絕對的熱情與堅定的意志，最終也只換來一場空。相反地，假如自認為的使命一再回饋我們的是失敗，最原始的熱情也終有消失的一天。到頭來，萬一無適當的一技之長，連吉他也安慰不了自己。遇有這等情形，不如將熱情當成嗜好，為麵包擇取一個雖然少了點刺激，但也不致令人灰心喪志的工作。教練嘉迪安根據自己無數諮商案例的故事得出以下結論：「人可以努力，直到筋疲力竭，但是不應該這樣。」*

* Gardyan, 2017, P. 58。

那麼到底該如何是好呢？倘若信念與熱情不能幫助我們找到幸福，怎麼辦？可惜世上沒有幸福的保證，卻有不幸的保證——如果我們執意將職業視為絕對的人生使命與唯一的選擇道路不可。這股莫大的壓力能讓起初充滿希望、尋覓真實使命的信念，最後變成痛苦折磨。就算自信找到了使命，儘管懷著成功等在前方的剛強意志，人生也可能令我們失望，這是一樁殺傷力極大的賠本交易。

此外，逕自從事自認得心應手的事，也不容易實踐；因為大抵說來，我們洞悉本身的能力並不一定準確。請他人衡量你的能力不失為一個好方法，也許別人會給你出乎意料的答案，就此發展成一個新的主意與空間，引領我們邁向真正的成功。說不定讓我們具有使命感的事物，例如改善世界、寫作、演藝、創意等，仍能巧妙結合個人的強項與能力，導致開花結果。或者徹底拋開辛苦與壓力，乾脆把夢想化成興趣嗜好，誰知道往後會有什麼發展呢……（作作夢總可以吧）？

第 14 章　「只要相信你自己」的陷阱

第15章

「客觀價值」陷阱

——眩目的數字阻止我們選擇最開心的享受

假設你現在必須在兩件任務之間做選擇：一件任務需要六分鐘，你可以得到六十分；另一件則要七分鐘，可以得到一百分。憑分數兌換一球哈根達斯冰淇淋（Häagen-Dazs-Eis），五十至九十九分可兌換一球香草口味；一百分以上可兌換開心果口味。這麼一來，你要花七分鐘時間拿一百分換一球開心果，或花六分鐘拿六十分換香草冰淇淋？

參與行為科學家克里斯多夫．施（Christopher Hsee）這項研究的受試者，大多決定選擇七分鐘的開心果任務——雖然事後經進一步了解，這些人其實較愛香草口味。人們何苦要投入較多的時間去換取較少的樂趣？

受試者顯然被分數所誤導。一百分使人產生「划算」的想法，比起六分鐘拿六十分，花七分鐘拿一百分擁有較高的分數效率比；但多出來的分數並不能為個人帶來益處的事實（因為所得到的冰淇淋並非自己喜歡的口味），卻被我們忽略了。

施的研究告訴我們，這樣的效應並非僅限於冰淇淋的口味選擇，它也反映在其他各種事物上，例如音樂CD。其基本原則總是一成不變，受試者以付出時間比例計算，選擇能帶來較多的分數，即使芭芭拉．史翠珊（Barbara Streisand，九十分）的音樂和披頭四（Beatles，五十分）的相比，他們較偏愛後者。此時，客觀上划算的交易概念，也會誘導人們選擇最後無法帶來樂趣的事物，落入所謂的「客觀價值陷阱」（Objektiver-Wert-Falle）。

數字往往使人盲目。它傳達了一種客觀性概念，讓人產生較大的數字能換取較好事物的幻覺，無論最終背後隱藏的是什麼。相同原則也顯示在特價的概念上，迫使我們接受特價交易的感覺頓時產生，接受交易就能省錢，相信以同等的價錢得到「CP值較高」的東西。一件從一百五十歐元打折到六十歐元的大衣，絕對比原價就是六十歐元的大衣來得更有吸引力。饒富異國風的番石榴果汁促銷價一點四九歐元（原價二點〇九歐元），我們十分樂意試試，最後卻發現普通在地柳橙汁還是好喝多了，才一點三九歐元；若非貼了特價標籤，我們根本不會去買番石榴果汁。

根據這些所謂的客觀數據，我們把注意力都集中在如何進行最有利的交易上，卻忘記我們將得到什麼，什麼才能讓自己獲得最大享受。數字打亂了我們的思考；倘若撇開數字，就會重新騰出一個能讓我們思考原本內心所願的空間，這結果也表現在克里斯多夫．施的冰淇淋變化研究。這回沒有分數，只需在六分鐘任務／一球香草冰淇淋，或七分鐘任務／一球開心果的獎賞之間做選擇，結果大部分受試者忽然決定選擇六分鐘與香草冰淇淋。花費較少的時間換取最愛的口味，這是真正值回票價的交易！

不過請小心，人生中的數字並非全都毫無意義。許多情形下，較大的數字確實代表較佳的品質或高效率。然而，種種無法以數字來量化的品質概念一旦硬用數字來呈現，就顯得愚蠢荒唐了，例如個人的音樂品味。客觀價值陷阱乃是一種外行人的理性主義（參閱第十九章）形式：人們努力做出最理性的決定，卻把焦點放在不重要的角度，因此這個決定對個人就變得荒謬至極、毫無理性可言。

不僅是錯誤的冰淇淋或果汁口味，客觀價值陷阱還能促使我們做出後患無窮的致命抉擇，例如理財投資，數字同樣會迷惑雙眼。完全狀況外的銀行客戶受到「諮詢」專員一堆經濟景氣預測與指數的轟炸，儘管絲毫不懂其義，但數字傳遞給我們實際上並不存在的信賴與安全感；恰是由於數字所賦予的美好感覺，自己彷彿做了最理性的決定。雖然滿是令人驚豔的數字和預測，理財投資的結果也可能是血本無歸，卻不在我們的想像之中。

誠如古根布爾在其《被遺忘的智慧》（Die vergessene Klugheit）一書中所說，「言語文字具有多重意義，可任人詮釋；相反地，數字卻會誘導事實」*，並認為計算與衡量是讓懷疑者心服口服，令敵人啞口無言的好方法。可惜將一切可數的事物和明智與理性做聯想，極易引人誤入歧途，畢竟並非所有第一眼看來理性的事就一定是真正的「理智」。

固然並非每個決定都能如香草或開心果冰淇淋那般，輕鬆憑感覺或心情而做。尤其具有長遠效應的重大決策，人們就會產生以理性為決策基礎的心理需求，此乃人之常情。因

* Guggenbühl, 2016, P. 146。

為要做出最明智的抉擇，以至於不敢不經過精打細算。一個能讓決定奠基穩固的方法十分受到歡迎，即是條列贊成與反對（優缺點）或成本效益分析，儘管如此，此法仍然顯露出做決定並非容易之事——究竟該選取哪些衡量標準？如何訂定各種不同觀點的比重？每天情願選擇一條較遠的路，還是抄一條車水馬龍的危險近路去搭地鐵？如何計算一場婚禮的總花費？只算確定成本（definitive Kosten），或者該連同計算萬一離婚的可能開支？效益是什麼……？

不過，這類成本效益分析的最大好處，反而是我們豁然領悟到內心真正想要的事物——就在表單引領我們前往某個方向的當下，內心卻覺得非要再替反方向多找一個贊成理由不可，此時我們便知道自己真正的願望了。心理學家尼斯貝特也發現，即使一個錯誤連連的成本效益分析，有時也能將正確的選擇明擺在我們眼前。

本章結束前的貼心提醒：面對數字時應持健康的懷疑態度。探究數字背後的真正意義，以及數字的價值是否符合你個人的偏好。再不然，就給自己專屬的數字，創造自己的幸運指數吧！陽台，七·五分；附近有最愛的麵包店，三·五分；綠意盎然的視野，六·

〇分。剎那間，一棟夢想中的公寓房子就是再理性不過的決定了。

第16章

理想化陷阱

——為何我們總是習慣美化陌生的人事物

蘇珊娜既興奮又激動，今晚終於是時候了，她就要見到那個在網路交友平台上認識的出色男人。一個名副其實的夢中情人，她幾乎等不及要立刻和他面對面。「明天早上我再跟妳從頭細說！」下班時，她滿心雀躍地答應同事。

然而，隔天上午清醒過後，她卻沒八卦可報。那男人壓根兒就不是蘇珊娜想要的，不知怎麼回事，他與自己想像的簡直判若兩人。

蘇珊娜的經歷絕非特例。倘若我們對某人僅擁有片段零碎的資訊，在某種程度上就注定會失望，因為我們無法不去美化未知的人事物。令人遺憾地換言之，認識某人越深，經常也代表對他的好感越少，原因是我們會發現越多始料未及的陰暗面。依據學者麥克·諾頓（Michael Norton）、吉娜·弗洛斯特（Jeana Frost）以及丹·艾瑞利（Dan Ariely）的研究顯示，這現象的發生率在首次約會後特別高。一群經由網路交友平台認識的男女於首次約會前後接受學者問卷調查，正如事前預料，對對方的資訊了解在約會後增加了；反之，彼此之間的好感與似曾相識的感覺卻減少了。

◎首次約會前後對對方的評估

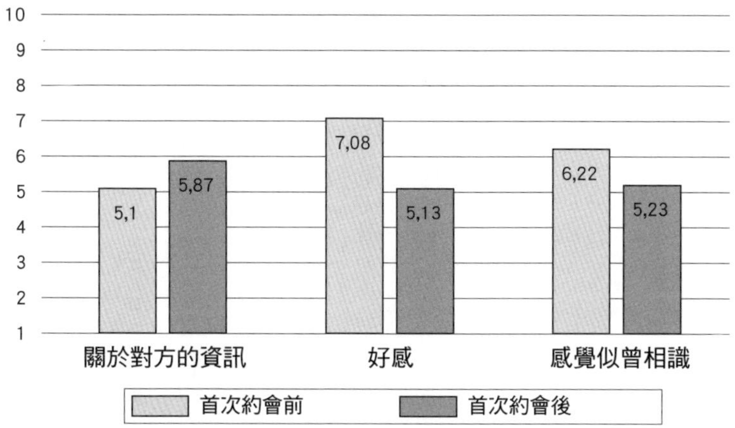

結果資料來源：諾頓、弗洛斯特與艾瑞利，二〇〇七。
簡單就是美（Less is more）：朦朧的誘惑力，或為何親近生侮慢（the lure of ambiguity, or why familiarity breeds contempt.）
美國《個性與社會心理學雜誌》（Journal of personality and social psychology）, 92(1), 97。

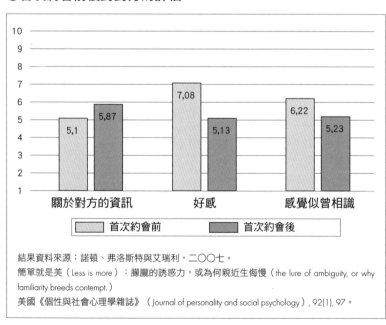

該結果似乎顯示，資訊匱乏以及與對方相處的經驗不足，可以解釋成幫對方加分——我們對尚未瞭解的人事物會根據個人喜好而加以理想化。在實際相見的那一刻，對未知對方的繪聲繪色必然以失望收場，亦即所謂的理想化的陷阱（Idealisierungsfalle）。這類效應不單發生在選擇伴侶，也出現在其他場合的人格判斷，例如薪資待遇。心理學家艾瑞利認為，這也是為何公司給印象粗淺的外來空降兵的薪資，通常高於苦幹多年的老員工與執行長，跳槽加薪也比內部升遷調薪來得高的原因。只要我們對某人缺乏瞭解，便會以過度樂觀的方式來彌補這些資訊的空洞，高估此人的潛能，艾瑞利解釋。

不只是對人的評價，我們普遍喜歡以個人的想像力來裝飾未知事物、美化未來，例如旅行團主辦人對某度假地或飯店的含糊說明，亦可能引發我們的過度憧憬。

▼研究：產品評價的理想化傾向

筆者與同仁克里斯多佛拉克斯針對新產品創意的理想化傾向進行了一項調查研究。基本的研究架構不變，我們向受試者展示一項新產品的創意，徵詢他們的評價，例如產品的整體創意、銷售潛力評估以及本人的購買意願等。

為了測試理想化傾向的影響力，我們刻意在產品創意方面做了不同的展示精確度。一組受試者只得到一份文字敘述，沒有掌握產品外觀的詳細資訊；另一組則透過影片、系列照片故事或樣品來認識產品。我們的推測是，產品展示得越詳細，就越沒有美化它的模糊空間。不出所料，受試者的評價——產品展示越含糊，受試者對產品的評價就越高。

此效應可能帶來危險影響：嚴重偏差的結果將使產品創意開發人得到錯誤的安全感。如此正面的需求評估，只因受試者依照自己的幻想對未知事物加油添醋地美化，根本無法判斷真正的市場成功率。想像中美妙絕倫的事物一旦實際呈現眼前，可能就不再令人驚豔陶醉了——恰如蘇珊娜和那位來自網路平台的夢幻王子案例。

我們能從理想化的陷阱中學到什麼人生智慧？不論正面或負面，人都避免不了錯誤百出的評價，因為大多數時候得到的資訊就是不夠。我們永遠無法全面認識一個人；即便再徹底地調查網路評價及口碑，仍要等實際去過之後，才知道是否喜歡這家飯店。我們向來大膽參與事前並未真正了解後果的事物；這是好事，否則只能一再重複相同的事物，人生將會多麼無趣啊！

為了避免失望，我們可以嘗試將資訊基礎的漏洞銘記於心，尤其在做重大決定之時。涇渭分明地去思考，哪些是已確定的知識，哪些僅是推測？批判性地自問，我真的如此相信，抑或是我願意這麼相信？縱然備感吃力，建議嘗試清楚界定理想化的部分，其餘才是你確實知道的資訊，衡量這個僅有的基礎是否仍能說服自己。

話說回來，美化的傾向亦具正面價值，因為資訊的漏洞能提供發揮創意的空間。例如你職責所需得拉攏客戶、對你專門設計的方案滿意興奮，這時你不妨利用他人的理想化傾向，把方案配合客戶的想像一步步塑造成形。將你個人已經十分篤定的看法部分明白展示，再利用資訊漏洞做為發揮創意的出發點。這是一種概念延伸，當你對自己選擇的顏色有百分之百的信心時，應明確表達立場；當你還搖擺不定時，不妨就選擇黑與白。拉著客戶一起去旅行，在對話中共同選擇最恰當的顏色。或許你會訝異，當對方把他們的創意投射在對你的資訊漏洞上，可能產生你根本聯想不到的創意。

第17章

外在評價的陷阱

——我們心甘情願受人擺佈

再做最後修飾，這張照片就可以上傳到Instagram了。完美的自行車登山，快門咔嚓，娜塔莉神采奕奕，晨曦中眺望著層層山巒，絕對能得來一大堆讚。不料，幾乎沒人關注她的郊遊照；反倒是一個朋友的保護蜜蜂運動引來大量的支持與贊同。娜塔莉在男友面前難掩失落情緒，可是他想不透她的問題：「妳還想要什麼？在山上度過了美好的一天，照片上看到的，妳都親身體驗到了，別人有沒有在Instagram上按讚，有差嗎？」

娜塔莉和男友的評價觀點顯然不同。他以自我感覺來衡量事物，對他來說，內在評價才重要；相反地，娜塔莉把一切都放在他人的評價上，認為外在評價才是關鍵。因此她對郊遊的結論也是負面的——費盡千辛萬苦、連踢帶蹬地爬到山頂都是徒勞；早知道沒有讚，她不如省下這趟自行車之旅。

▼內在評分卡 vs. 外在評分卡

杜伯里在《生活的藝術》書中又將此不同的評價觀點，稱為「內在評分卡VS.外在評分卡」（Inner Scorecard versus Outer Scorecard）：我如何評價自己（Inner Scorecard）或外界對我的評價（Outer Scorecard）？何者比較重要？視評分卡的導向，我們會提出不同問題，這些問題也決定了對自己是否滿意。以內在評分卡為導向者，首先必須對自己所做的事感到滿意；以外在評分卡為導向者，則仰賴他人的肯定來決定滿意度。

究竟內在還是外在的評價標準比較容易達到，自然有賴於周遭環境及自我要求。最先影響我們的當然是內在評價，一般會根據它來從事自己認為值得的事。至於他人的想法，我們能發揮的影響力有限。即使平時受到他人的肯定與喜愛，但可能有千百種原因，導致偶爾受到忽略的情形發生；無論再多努力也無濟於事，於是陷入外在評價的陷阱。好比娜塔莉，拯救蜜蜂運動讓她登峰造極的體能成績霎時間黯然失色，本來一趟精彩豐富的自行車之旅，對她而言最終變得毫無價值。

棘手難題在於自我價值感低的人，對外來正面評價的心理依賴甚為強烈，因此緊追他人的回應不放。筆者於慕尼黑大學的門生蘿拉・安德斯（Laura Anders）的碩士論文，乃是研究Instagram社交媒體平台，她發現自我價值感低的用戶尤其看重追蹤者的回應。只要追蹤者定期按讚、給予肯定，便天下太平；一旦少了讚，娜塔莉這類人就認為天塌下來。原本已搖擺不定的自信心，此時更持續下滑，因而更死命爭取他人的認可。

公開乞求他人的肯定與承認卻偏偏得不到，想必你出於個人經驗也能證明這點——人們大多不吝於給別人一個由衷的讚美或稱頌，可是對讚美予取予求、分明已上癮的朋友，這讚美就給得心不甘情不願了。因此，外在評價的陷阱經常造成原本渴望獲得認可的反效果。

另一個危機是，這些人會逐漸喪失對自我評價的感覺。向來只問別人如何評價的人，總有一天就再也說不出自己喜歡與否。我覺得這個派對氣氛很嗨嗎？我有沒有享受這趟清幽自在的自行車遊？假如不能在山頂上拍照，我還會奮力爬上山嗎？

須待他人評分後，才得以判定一個美麗難忘的時刻與否，如此沒有自我感覺的人生不是很機械式、很悲哀嗎？

杜伯里認為強烈傾向外在評價是人類演化的遺產，因為從前他人的評價確實不容小覷，人們盡一切努力促使同伴與之合作，避免遭群體排擠。他還主張，這個重要性在今日雖已降低，不過我們對名譽與聲望變化的情緒反應，仍舊設定在石器時代的模式。

鑒於心理健康因素，此種個人喜怒哀樂強烈受制於他人評價的石器時代模式，如今普遍不被建議，因為隨著網路自我呈現的機會大增，我們暴露在他人負面評價的風險亦無所不在。社群網路充滿了不幸的陷阱，筆者及烏里希聯合撰寫的《數位憂鬱症》（Digitale Depression）一書中有相關專門探討。

▼網路社群的不幸陷阱

根據幸福研究的結果顯示，社群網站確實會使人不快樂——不照自己的標準而活，只一心想與人互別苗頭；不去瞭解幸福是無法計算的，老是在計算好友、讚和追蹤者的數目；不珍惜生活中小而美的片刻，卻不停公開分享聳動的照片與經歷，處心積慮成為別人關注的焦點；不願重溫禁得起考驗的事物，卻不計代價去體驗五彩繽紛的新奇；不重視個人的獨特性與知足感，反而去追求完美強迫症，臉書等社交媒體也因此變成個人幸福及全球表面上「最幸福」人生評比的制式刻板模型，這是一場只會失敗的戰鬥。

縱使有人客觀上過著順遂優渥的人生，在數位的表象世界中與他人相較之下，卻仍顯得悲慘貧困，因為網路上見到的，絕非具有代表性的人生觀察，而是精挑細選與美化後的觀點。

誠如學者葛瑞絲・周（Grace Chou）及尼可拉斯・艾吉（Nicholas Edge）所做的結論，造訪一趟臉書，自我價值感立刻下降的情形不令人意外。同時，倘若對臉書好友的實際認識愈差，相對也無法推測隱藏幕後的實際情況，自我價值感下降的效應就愈強烈。我們當下的印象於是固定化——其他人似乎運氣比我好、擁有比我幸福的人生。

那怎麼辦？如何捍衛自己的幸福，避開外在評價的陷阱？

我們大可不必完全忽視他人，卻也無須瘋狂追獵他們的認可。只要一點批判性的檢視便大有幫助——我認為誰的意見最舉足輕重？我真的在意網路社交的大眾評價嗎？或不如問問自己的知心好友？到底重點是什麼？此事徵求外在評價有意義嗎？對事物做客觀評價或複雜的決定，他人的看法確實彌足珍貴，例如踏出職業生涯的重要一步之前，先徵詢友人意見；或是當一個自認為正面的發展卻未能獲得他人認可時，不妨自問原因何在。另一方面，也有許多事物只是單純的個人品味與好惡問題，以及一些只能留給自己享受才是最美的事物。

不論我的晨跑快照得到多少讚或笑臉加愛你，都無法貼近那一瞬間屬於自己的幸福感、那股春天腳步近了的氣息、能量在漫長的嚴冬之後重新回流的感覺，以及我靜靜觀察小松鼠的喜悅。既然剛才體驗到的，旁人無法讚賞評價，有些事情何不乾脆保留給自己，學習跟自己一同怡然自樂吧。

第18章

後悔最小化的偏見

——害怕後悔阻礙我們邁向幸福之路

你也屬於那些把太多時間浪費在機場的人嗎？大多數飛機乘客計算他們到達機場的時間都太過寬鬆，原因是害怕可能造成遺憾。萬一錯過飛機怎麼辦？這種事可以避免，只要我們多設定一些緩衝時間。畢竟各種突發狀況都可能發生——等待安全檢查的時間意外拉長、因登機門更改導致登機路程變遠。即使前往機場都可能遲到，要是接連兩班捷運脫班，恐怕就趕不上飛機，後悔自己沒搭更早一班車，光想像這情景就令人額頭直冒汗。這樣的恐懼讓你下次搭機時，再度付出三小時的空等時間，幸好機場有得是天價美食，可以甜蜜打發無聊。

心理學上發現這類行為模式不僅出現在飛機旅行，人們習慣對所有狀況描繪意外不幸發生的可能，設想自己後悔未事先採取足夠的預防措施。人們為努力避免痛苦自責，經常付出極高代價。人們因為害怕後悔而盡全力防堵這種心痛的感覺，幾乎從不去思考，倘若將這個為阻止不幸而付出的代價與真正發生不幸的規模相比較，是否合乎比例原則。這即是所謂後悔最小化的偏見（Minimizing-Regret-Bias，又稱：降低後悔機率之扭曲）。

後悔最小化的思考陷阱在於，儘管採取一切措施以免後悔，卻忽略了付出的成本代價。衡量的焦點完全放在自我設想的後悔上，至於此不幸的實際損害程度，卻不在視野之中。這對賣保險的業務員或機場的天價麵包店來說，是再好不過的消息。

當然也有絕對必要的保險，尤其是提供那些不幸發生便足以毀掉人生的損失保障。想避開一切風險的人，即使是那些發生率極低以及財務也能負擔的不幸損失，最後將付出更多。這道理亦適用於付出時間代價——因害怕約會遲到，總是提前二十分鐘抵達會面地點的人，把人生的許多時間都浪費在等待上；投入無數個鐘頭，就為了絕不惹朋友生氣。

追根究柢，這就是權衡的問題——孰輕孰重？五十個鐘頭的等待，或是一個暴跳如雷的朋友？五十個鐘頭的等待，或是一班錯過的飛機？關鍵端視此人對悔恨情緒的感受程度為何，認為多大的代價值得避免這種痛苦。

▼害怕後悔是理性或非理性？

害怕後悔究竟是理性或非理性，這個問題著實難以回答。學者道爾．米勒（Dale Miller）及布萊恩．泰勒（Brian Taylor）認為，關鍵在於一個人是以利益及經濟成本效益，或是以個人的情緒滿意度做為考量重點。由經濟學角度，也許把能用來賺錢或處理其他重要事務的寶貴時間浪費在機場候機室的行為，視作十分「愚蠢」，但從個人滿意度最大化的心理學觀點看來，卻可以說：不過遲到短短幾分鐘卻錯過班機，一旦「早知如此，何必當初」的念頭出現會帶來心理上極大痛苦，導致他確實寧願枯坐機場，那便是理性的決定。

此外，體育及其他比賽也能視懼怕悔恨的程度採取不同的策略。米勒和泰勒舉網球比賽為例，假如出現雙發失誤造成對手得分的遺憾，大於因強力發球得分所獲的快樂，那麼第二次發球溫和些、降低後悔風險，就是理性考量。至於避免悔恨的努力是否合情合理，由於對遺憾的心痛感覺如人飲水，冷暖自知，最終只有自己才能判斷。

然而，後悔最小化的偏見對我們的生活造成什麼影響？是否應將一切小心謹慎都拋諸腦後，篤定一切都會順利成功嗎？心存萬一失敗的念頭，並（對可能造成的損害）進行某種程度的因應措施加以避免，的確有其必要；但過度恐懼後悔，會讓人裹足不前。倘若落入後悔最小化的陷阱，畢生將忙著避免各種意外，以致一事無成，因為可能會失敗。

如果我騎自行車去郊遊，可能會下雨，另一半恐怕會罵我，為什麼出這個愚蠢的餿主意，硬拉他一塊兒去淋雨。但換個角度看，這說不定會是一趟令人回味無窮的美好之旅。一心只想避開遺憾風險的人，也會擋掉許多機會，甚至是事業機會。面對一項新挑戰，如果腦中最先出現的都是各種失敗風險以及自己出醜的畫面，這些人自然猶豫是否該勇敢攀爬生涯階梯。

反之，當人們總是害怕未能善加把握機會而徒留遺憾時，恐懼後悔也可導致徹底相反的效應。心理學家海克・恩斯特（Heiko Ernst）將此現象稱之為「塑造傳記履歷壓力」（biografischer Gestaltungsdruck）*1。在現今的時代，個人成長、儘量發揮自我潛能與天分成為思想主流，人們因此迅速陷入壓力中，生怕錯過任何美化自己生平履歷的機會。基於保險起見，我們抓住一切機會，只為了不想後悔沒加以把握。

恩斯特認為，「我們終其一生都在夢想、希望擁有另一個比現有人生更好、更刺激的人生模式」*2。若能儘量把這些幻想當成一種彷彿它已成真的享受，而非負擔，才是智慧的象徵。這確實是一種至高的藝術與讚賞的態度，容許我們不必過於埋怨自己的生涯發展。

最後再獻給讀者一個建議：請寬容對待自己，不必過分嚴格，撬開「早知今日事，悔不慎當初」的思想枷鎖。請告訴自己，沒有事後懊悔的人生是不存在的。人生中所有選擇的另一邊，都有千百個其他選擇，有人事後極可能認為另一邊的選擇才是聰明的決定。無人能在千百個選擇中挑出「最好的」，我們所有的遺憾也並非都能被評為「錯誤」：人們以當時的評估基礎做出最佳選擇，如今情勢改變，並非當初能預期。小自選「錯」披薩，大至選「錯」專業科系，大家都會當事後諸葛亮。既然你沒有魔術水晶球，也就沒人期待你能預測未來、做對的事。

結論是：防患未然往往也代表失去另一方面的自由。切莫反覆追問如何做更好的決定才不會後悔，不妨嘗試訓練健康型的後悔。不假思索亂點自認最特別的冰淇淋口味，事後再忍受痛苦，後悔沒嚐到其他更讓人垂涎三尺的口味。一點一滴逐步改善你愈來愈不怕悔恨心痛的耐受力，領悟這本來就是人生一部分的道理。誰知道呢？也許在訓練過程中，你會不經意地發現一種好吃的新口味，可以狠狠享受一次絕對零後悔的滋味。

*1 Ernst, 2017, P. 21。

*2 Ernst, 2017, P. 24。

第19章

外行人的理性主義

——因為我們忽略大局而背叛了幸福

卡蘿拉面臨一個困難的重大抉擇。經過漫長的求職應徵，她現在口袋裝著兩個工作機會。該選擇年輕的新創企業嗎？她第一次面談立即感到輕鬆自在，尤其喜歡內部隨意的氛圍，當下就覺得自己應是團隊的一分子，說不上來究竟是什麼如此吸引她，宛若明天就可以上班了。或是要選另一個大集團的職缺？雖然那裡的人情味較淡，有種隱姓埋名小螺絲釘的感覺，不過終究是大企業，能提供更多的保障，薪水也較高。

左右為難的卡蘿拉飽受折磨，無論她怎麼決定，似乎都覺得不對。學企管的男朋友貝尼看事情很實際：「妳不是為了好心情而挑職缺，去那裡是為了工作，工作是為了賺錢，當然就選薪水高的職缺，其他都是鬼扯。」她的閨密珍妮卻恰恰相反：「跟著感覺走！假如妳午休時間只能因為寂寞窩在走廊哭，那高薪工作又有何用？」

卡蘿拉既困惑又迷惘——選擇工作的考量標準到底哪些才是對的？薪水不在話下，可是親切的同事呢？哪一個更重要？

最後她跟大企業集團簽了工作合約。雖然內心並不那麼舒坦，但起碼是個理性決定，她不斷告訴自己。家人也恭喜她。「頂尖的企業，了不起，這還只是妳第一份工作呢！妳不會後悔的。」乾爹如此認為。可惜他錯了，半年後卡蘿拉就忍無可忍。她一試再試，但這個工作就是讓她不快樂，只好辭職並在家休息一陣子。她得重新找回自我，瞭解自己真正想要什麼。不過有一點她卻完全明白了：理性的抉擇不能使她快樂。

有鑑於卡蘿拉的個案，我們當然要問：她的決定果真理性？或者，選擇能夠讓她獲得最大快樂的工作不才是理性？長久以來，科學家不斷研究一個問題：人們如何做出能使他們幸福快樂的理性決定。卡蘿拉的決定乍看之下像是理性，事後卻證明不理想，因為重要的滿意因子顯然未得到充分的重視，決策研究學者將此稱為外行人的理性主義。

強迫自己做對的事，避免倉促受到情緒衝動所控制，追求全然理性的行為，這即是外行人的視角。不過，這樣追求理性邏輯的思考，反而經常製造混亂——由某種角度看來特別重要和理性的單一因素，通常會被過分重視，而其他對滿意度同樣具有關鍵性的因素，卻被完全抹滅。聽來或許令人分外尷尬，但人的經歷與體驗是極為「非理性」的，最後我們做了決定卻無福消受，理性變得毫無意義。

學者克里斯多夫．施讓受試者在兩塊巧克力之間做選擇：一塊是心形巧克力，一塊是蟑螂形狀的巧克力；心形巧克力較小，代表份量較少。施問受試者，哪一塊巧克力能帶給他們較大的享受，答案明顯是心形巧克力；即使如此，多數受試者仍舊選擇巧克力蟑螂。份量多的巧克力彷彿是（外行的）理性選擇，即使吃巧克力的滿足感大概會降低不少。

日常生活中的我們與上述受試者相去無幾。不可否認，個人的經歷與體驗是極其複雜的，無法受到純理性論據的說服。諸多因素均扮演著關鍵角色，甚至那些由外行的理性角度看來近乎不重要的因素亦然，包裝美麗的產品我們吃來格外津津有味。

克里斯多夫．施的另一項研究，是觀察人們選擇新電視機的過程。受試者可在兩個款式之間選擇，並填寫顧客評量。評量標準最高一百分——音效品質方面，款式A獲得九十分，款式B僅得七十五分；畫質方面，款式B獲九十分，款式A則是八十五分。因此款式A的「總分」較高，能提供較佳的總體驗。對此受試者的意見普遍一致，被問到比較願意使用及享受哪一台電視機時，百分之七十六的人選擇款式A。然而若將問題換個形式，只簡單問及購買決定時，情況便大為改觀，至少有百分之四十五的人突然會選擇款式B。

外行人決定的焦點屢屢放在某個單一的中心標準，與決策對象的中樞功能連結在一起，例如電視機的色彩品質或工作職缺的薪水高低。其他對整體經驗同樣重要的周邊特質卻被忽略。上述的巧克力效應即是外行人的理性主義一個普遍原則——硬性的客觀標準，如巧克力的大小與重量的重要性大於軟性標準，只要成分相同，巧克力的形狀便無所謂。難道不是這樣？

然而實際上，特別是軟性、主觀的因素，如美麗、喜歡、享受才是決定體驗經歷的關鍵，因此也是整體而言能否稱得上是好選擇的關鍵。簡單地說，我們不理智地忽略那些以為非理性的因子，雖然這些因子深深影響我們的幸福快樂，於是努力做了理性的抉擇卻導致相反的效應。

更瘋狂的是，許多人並未意識到自己是決策專家，時時憑衝動與直覺做了適當抉擇，鮮少為之懊悔。我們根本沒注意到自己不斷做出小而美的決定，無往不利度過人生的每一天，而且正由於這些決定得當，事後也不再鑽牛角尖。可是一旦面臨大事，不少人便怯於相信自己的直覺，變得裹足不前、不知如何是好，認為此刻尤其必須三思而後行，把平時特別有效的直覺趕跑了。

不料，這個被忽略的直覺不久便開始反擊。因為哪怕你在下決定的時刻將它壓抑下去，進入體驗抉擇後果的階段時，就再也遏止不住了。我們畢竟不是運作簡單的機器人，比起處在一個隱姓埋名、毫無交流的環境，周圍若環繞著一群親切的同事，大多會感覺快樂多了，工作的成績與效率也會提高。因此毫不令人意外，許多職員對工作滿意度的評量，均把親切友善的同事與自在愉悅的職場環境列為最重要的因素；薪資高低顯然不再如求職期間那樣被放在第一位了。

除了權衡各種決策標準輕重的困難之外，還須加上抉擇本身重要性的難題——應投入多少時間在決策上？抉擇本身的品質必須多高？高階的理性主義達人需要時間，以便挖空心思來找到完美的決定，甚至將經歷的角度也一同納入。花二十分鐘思索與權衡三個不同的定位App，全部因素已納入考量，包括路線長度、交通壅塞程度、道路施工資訊以及道路狀況等，替你找到一條最美、最快捷的路線去特力屋。站在冰淇淋店十五分鐘，對每種口味進行享受度、口味新舊、製作成本等分析後，終於確認想要的冰淇淋口味，保證吃到最理想的CP值。

只是，耗費這麼多時間在一個決定上，不也是非理性嗎？對此，諾貝爾獎得主赫伯特·賽門（Herbert Simon）所提出的滿意度法則可以幫助我們。

▼滿意度法則

滿意度法則（Satisficing-Prinzip，意指足以滿意的原則，源自satisfying令人滿意的，以及suffice足夠）並非指應無止境改善決定，使其臻於完美，而是達到一個能令我們滿意的決定即可。換言之，滿意度法則乃指花費的時間與精力應相對符合決定的重要性。不過，心理學家尼斯貝特在《簡單思考！》（Einfach denken!）一書中卻提醒，此法則大多不符合消費者的實際行為，例如他們經常耗費比買冰箱還多的時間在選擇一件T恤上。

我們怎麼做才能逃離外行人理性主義的陷阱，不僅是表面上理性，而是實實在在做出使我們永續快樂與滿意的抉擇？

放膽考量一切促進你個人幸福快樂的重要關鍵，假如你喜歡心形巧克力遠勝於蟑螂形巧克力，那麼將巧克力形狀也納入決定標準便是理性的；倘若你真的不介意外形，不妨將此決定標準排除在外。不過事後可別抱怨巧克力只吃下一半，因為不知怎地，胃口倒了一大半。

若遇長期性的決定，則應思考各種可能的衡量標準——這個標準的重要程度會隨時間長短而改變嗎？日後亦將如眼下同樣重要嗎？它在日常生活中扮演關鍵角色的頻率多高？我的適應力又扮演何種角色？

大抵說來，人們能夠迅速適應諸多新環境。某些在做決定那一刻幾乎仍被列為無法忍受的標準，日後根本不會再察覺到。一台原本使用方法十分複雜的洗衣機，只要抓到竅門，便突然不再感到複雜。相反地，一旦迅速習慣新的高薪水準之後，便不會再為荷包變厚而每日雀躍、高高興興地去上班了。

反之，有些事物的效應卻大致維持不變，每日為我們帶來新的困擾（或喜悅）。一個普遍原則是，不確定性愈高、愈難以估計的事物，也愈難以適應。由此可見，比起一個時而親切友善，時而拒人千里、情緒反覆無常、你完全無法預估、每次接觸總令人繃緊神經的同事，有時你還較能忍受一個長期煩躁易怒的同事。恐怕這也是為什麼許多人傾向住在氣候穩定的地方，較能泰然面對生活。

同理，儘量避免受制於交通也能讓我們活得更心滿意足、怡然自得。因此心理學家艾瑞里建議，將工作地點的遠近視為選擇居住地點的重要因子。不少人過於輕忽長途通勤對生活品質的影響，忘記每天早晨對交通狀況的抱怨與怒氣、憂心上班是否遲到，對我們是多麼沉重的心理負擔。

最後，下決定時也切記思考，對決定所產生的後果能事先預測或計劃的部分有多少？如果除了企劃A或B的決定以外，你未來的職業生涯還受到公司太多不可預見的發展所左右，那麼為了一個「完美」的決定沒完沒了地想破頭就無多大意義了。乾脆舒舒服服往沙發上靠，輕鬆以對，好好享受這個除了丟骰子之外，再也想不到其他更好的決定方式，將寶貴的心神精力用在其他事務上吧。

第19章　外行人的理性主義

第 4 部

邁向真理與世界認知之路

的心理陷阱

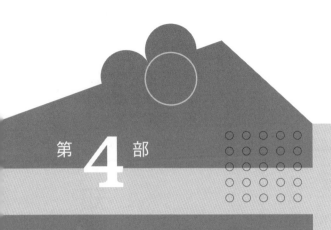

第20章

知識的假象

──為什麼我們不如自己想的那麼聰明

你知道拉鍊的運作原理嗎？大部分人都以為自己知道，一旦請他們解釋拉鍊的原理時，才發現根本一無所知。相同現象在生活中的其他事物層出不窮，譬如原子筆或圓筒鎖的運作原理，美國耶魯大學（Yale University）心理學家列昂尼德・羅森布利特（Leonid Rozenblit）及富蘭克・凱爾（Frank Keil）可證明這點。

研究人員請受試者對個人知識進行等級評量。只要受試者無須實際證明所知，自我評量的結果便相當樂觀。當受試者必須解釋例如原子筆如何運作之後，重新針對個人知識評量的結果才較切合實際。

可見介於人們實際確知和自以為是的知識落差極大，此乃所謂知識的假象。但問題的關鍵並不在於很多人無知，而是他們不曉得自己如此無知。認知學暨心理學專家史蒂芬・斯洛曼（Steven Sloman）接受德國《今日心理學》（Psychologie heute）雜誌專訪時表示，意見十分極端的人，知識基礎往往最為薄弱。

斯洛曼舉出一例針對美國人進行的意見發表問卷，議題是美國應否介入俄羅斯與烏克蘭之間的克里米亞衝突（Krimkonflikt）。此外，受試者應在地圖上指出烏克蘭的地理位置。那些最確信美國應該如何採取態度的人，對烏克蘭的地理位置最沒概念。

◎知識的假象：介於實際與感覺之間的知識落差

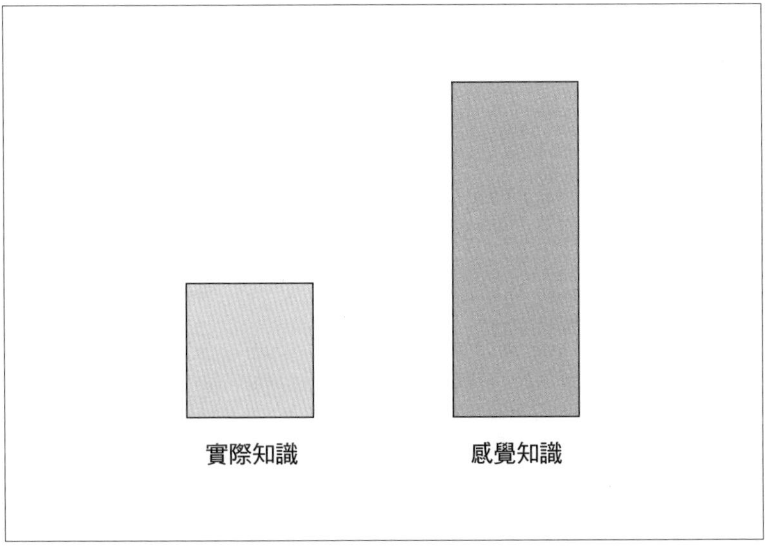

視話題領域的不同，形成知識假象的主要原因也各異，例如我們容易將他人知識據為己有，將社會專門知識與個人專業知識混為一談。

斯洛曼在另一項研究中對受試者報導所謂的科學新發現，如「氦雨」（Heliumregen）。假若告知受試者，科學界還在揣測該現象的生成背景，受試者便對自己解釋該現象的能力評估有所保留。反之，如被告知科學家已徹底解開現象謎底，受試者也相信自己能夠清楚說明該現象的形成過程。

單單由於他人知悉或宣稱瞭解某訊息的這項事實，即傳達給我們一種彷彿自己也清楚這項訊息的感覺。尤其是普遍獲大眾信賴的人，我們一般極少再去思考求證其訊息，大致也能安然度過日常生活。畢竟自己是否真實確知，或僅是信賴他人的知識，通常無傷大雅。

不過，萬一人人都這麼想便危機四伏：當眾人皆仰賴源自他人的假想知識，最後無人真正知道實情。倘若原本未經證實的假設被視為知識，並深信不疑地傳給第三者，假知識因此四處傳播。即便毫無惡意或計畫性的假新聞策略，一旦錯誤假設散佈開來，縱使我們提出最有力的證據也不易破除，說服少數人終究無以回天。採納並轉傳假知識的人愈多，改正錯誤假設便難上加難了。

肇因之一是，錯誤主張或論據乍聽之下或許十分合理、富邏輯性，唯有經進一步思考，問題方才浮現。它營造一種「應該八九不離十」或「似乎有其道理」的感覺，雖然我們並未獨立思考或求證背後的論點，究竟該主張是否具備了邏輯推斷。

在近來不少辯論議題中，我們均能觀察到這類「似乎有其道理」的感覺，贊成者與反對者各自發表激烈訴求；若細問其理論基礎，卻幾乎理屈詞窮，解釋不出所以然，面對反駁意見茫然無措。

▼衍生悲劇的感覺：政治訴求脈絡下的「似乎有其道理」

日日可見各方對政治及社會提出的新訴求：「我們需要課徵二氧化碳稅！」、「開關媽媽年金！」、「大眾運輸全民免費！」積極熱心的國民將他們關注的事務公諸於社會，無論是街頭示威遊行、陽台或窗上張貼看板、汽車貼紙，或至少在社群媒體上為某個發文按讚。但公開提出訴求的人並不表示也能清楚說明自己的原因或訴求內容，經常只要感覺似乎有道理，便足以提出要求。

直至對話時才顯示，那些激烈要求者甚至還不知應如何透過訴求工具來達到期盼的結果，許多問題還尚待釐清——免費的大眾運輸真能促進環保？或說不定反而是行人與單車族會利用這個好處，汽車族則繼續開他的車，只因貪圖方便？抑或，我自己會怎麼做？我會因為課稅漲價而放棄汙染環境的消費嗎？

反向思考——我真的需要二氧化碳稅，才能為環保而放棄飛機旅行嗎？或者我是不是可以立即起而行？

於是個人行為與訴求之間亦可能出現矛盾，例如某位年輕女性示威者一方面認為二氧化碳稅是幫助降低環境汙染消費的有效工具，同時卻又聲明，絕不會放棄飛機旅行（即使成為昂貴消費），因為她身為世界公民，飛機旅行隸屬於生活的一部分。倘若仔細分析，連她也不相信這項訴求措施能改變她個人的行為，因此我們很難理解，她何以執意要求這項環保措施？她大概覺得「似乎有其道理」。

姑且不論單一措施的意義與效果，上述事例明白展現，事情多半極其複雜，不如我們激烈訴求時所想像的那般容易水清石見。幾乎無人徹底瞭解措施的運作方式，卻一致確信是為了正義而走上街頭，由心理學角度而言，此乃情有可原——興許泰半人民並非為了具體的政策工具，而是為了表達普遍立場，為環保、母親權益等而發聲；因贊同正義，於是尚未仔細思考分析，便迅速加入他人的主張訴求。出於「似乎有道理」的感覺，讓自己迷失在這些訴求當中，至於最後是否有助於達到原始目標則是其次。倡議團體一致尋求解決問題、保證一勞永逸的靈藥，原本期盼的改變，譬如減少環境汙染的消費，漸漸就從視野中消失。

此現象的悲劇性在於，「似乎有其道理」感覺的受害者，同時也容易淪為批評者的囊中物。儘管出發點是為了投入一件重要福祉，卻因笨拙的論證和令人懷疑的訴求細節，皆難贏得他人的共襄盛舉。

因此，「似乎有其道理」的感覺極易誤導並阻止我們找到有效的解決辦法。一項乍看近乎有理、顯而易見的陳述，經仔細思索才發現其實不然；只可惜，人們大都是被迫要求說明事實真相後，才進行縝密思考。縱使發表過的言論還可能因舉證不全及矛盾疏忽而遭人詬病，而這些通常是唯有人們試著將思想做書面闡述才能察覺的疏忽。

別看領導魅力十足的同事，在開會時述說得頭頭是道、無懈可擊，當主管要求他下次會議用「一、兩個幻燈片，最好加上流程圖」對「這個引人注目的概念」進行總結時，才暴露出論證弱點，恐怕這位同事自己也詫異萬分。腦海中看似環環相扣的理論支撐，當我們嘗試化成文字時，才猛然發現似是而非，這是寫日記者相當熟悉的現象。寫日記亦是一個避免對旁人展開愚昧攻擊的好方法：先將一切怒氣與怨恨記錄下來，常常能讓我們瞭解自己當時憤怒的癥結為何，不再對他人懷有深切敵意，省去不必要的衝突。

由此可知，我們大可藉著頻繁要求對個人信念進行自我闡明，來減少使自己陷入難堪窘境的機率——我們透過自我對話分辨哪些論點不合邏輯，若待他人來肢解分割，便為時已晚。不妨放棄對他人的荒謬指控，以免明日懊悔。我們可為避免散佈假知識貢獻一己之力，在繼續傳播假象知識給他人之前，先以批判性的眼光檢視，這也是服務社會。

如果我們觀察目前的公開討論，可發現批判性的存疑及精準的論證往往過於薄弱。一個極易淪為孕育知識假象的溫床便是數位世界，因為我們取得假象知識以及交換資訊的管道與方法，可能繼續為知識假象火上加油。對此，斯洛曼認為網路乃一大關鍵力量。我們能透過網路輕鬆跨越州界、與志同道合者連結，形成所謂的過濾氣泡，也就是網站和論壇圈內只推銷自己的意見，而背後的事實理解卻未曾接受檢驗。人們不斷濫用形形色色的概念，至於這些概念確切所指為何、整體運作又如何卻不再說明。

古根布爾也在其著作《被遺忘的智慧》中警告將概念與解釋互相混淆的危險。概念可以安撫人心，「它能減輕我們的負擔，傳遞一種我們能主宰情勢」*的感覺。同時，我們卻忽略了概念時常單純形容某事物，尚無法闡述來龍去脈或提出解決之道。加上現今臉書與推特時代一般慣用的溝通形式，意見的交換與建立通常僅專注在簡短新聞、關鍵標題或標籤話題等，處處助長了此一發展趨勢。

於是我們迅速把精力放在發文、按讚與轉貼，基礎紮實的分析與論點的獨立思考變得無足輕重。處於一個充斥著主張、卻鮮少解釋分析的氛圍下，亦使人迅速相信自己的意見乃唯一正確、具有穩固基礎，自以為能詳細說明為何這樣想、而非那樣想。可事實上，這不過是個假象罷了，許多我們對這世界與身邊人的觀點都不是源於自己的大腦，而是受他人的濡染誘導。

▼公共討論製造獨立思考假象並操控注意力

我們經常根本沒在思考，只是思索從他人身上得來的看法。坐在會議廳裡，處於半夢半醒的迷糊狀態……同事們剛才做的決定聽來似乎頗為有理、合乎邏輯。我們關注的新聞已不再解釋為何某人是個殘暴的獨裁者，媒體只強調此刻全歐洲必須團結一致對抗獨裁。我們從未想過事情可以反轉來看，也不再質疑種種問題。

心理學家古根布爾於《被遺忘的智慧》一書中將此現象稱為自我控制假象（Illusion der Selbststeuerung）。人們相信思想乃受自己大腦控制，然而事實上，這些思想往往是受他人誘導而來。並非自己的大腦，而是外在環境因子決定我們如何思考、孰輕孰重、關注何種議題內容。古根布爾舉公共討論建立自我想法及媒體控制吾人關注焦點為例——媒體專注哪些議題決定了我們的思考內容，也決定了引發激動與恐懼的事物。

* Guggenbühl, 2016, P. 242。

古根布爾還認為，公共討論每每無法傳達訊息和知識，反倒容易喚起人們的亢奮需求及刻意營造的道德情緒。真正具批判性的重大議題，如歐洲多國債台高築於下一代，從而退居次要地位，鮮少被嚴肅看待，因為複雜性過高。相反地，面對政治人物逃漏稅和婚外情，或最新政治事件的術語概念等次要議題，容易讓身為媒體消費者的我們心生道德比別人高尚的快感，注意力也經常被那些能使自己鶴立雞群的話題所吸引。諷刺的是，幾乎都是次要話題最能招引大眾目光。而公共討論大多也決定了眾人必須採取的立場。

當然，若能圍聚一堂齊心痛罵不必要的塑膠吸管，或共同支持拯救黑鸛鳥行動，最是大快人心。這是一種集體沸騰的氛圍，大家意見一致最能凝聚群眾團結意識，只是這些辯論大多與獨立思考毫不相干。

因此獨立思考的幻想導致許多人只能重複他人所述，而他人知道的也不比我們多。他們為知識的假象添加額外的石材，同時產生另一個附帶效應：對自我知識極限的盲目，此乃以發明學者丹寧及賈斯汀・克魯格（Justin Kruger）為命名的概念，「丹寧—克魯格效應」（Dunning-Kruger-Effekt）。

▼丹寧—克魯格效應

人們鮮少有能力發現自我知識的不足與極限，這是丹寧及克魯格以大量研究為基礎獲得的結論。基本上，丹寧將不同類型的已知與未知加以區別——

●**已知的已知**（Known knowns）：一個人所擁有的知識，他清楚知道自己具備這項知識。

- **已知的不知**（Known unknowns）：一個人所沒有的知識，他清楚知道自己不具備這項知識。
- **不知的不知**（Unknown unknowns）：一個人所沒有的知識，他並未意識到自己不具備這項知識。

丹寧—克魯格效應指的是最後一類的「不知的不知」。此類未意識到的知識漏洞人皆有之，倘若我們對某個領域認識不足，自然無從得知哪些是能取得的相關知識，也就不知道未知的範圍有多大。這也使得我們在與他人相較之下，難以正確自我評估。

一位業餘攝影家雖自知與職業攝影家相比，論專業與能力均自嘆不如，不過他仍舊可能小覷了差異的規模。畢竟他不知道攝影藝術的知識領域有多寬廣，也無法想像自己在整體排名的位置多麼下方，自我評量與現實落差可能相距甚遠。

最嚴重的自我評估錯誤，莫過於對自我知識評量的普遍性偏差了。尤有甚者，不僅極度無知者對自我知識的評估與他人相較之下習慣性嚴重偏差，即便頂尖專家也不例外。儘管他們能夠切合實際評估本身的知識等級位置，但對他人知識的評量則誤差極大。由於傑出的專業知識已成為他們不假思索的一部分，以致漸漸遺忘並非人人都擁有此特殊知識，因此相對高估他人這方面的知識水準，於是評估自我和他人的知識落差也小於實際。綜合上述，知識水準在中等範圍的人較能做出切合實際的自我評估。

丹寧—克魯格效應或不知自己無知的原因十分簡單明瞭，讓我們變聰明所需的知識，通常就是能讓我們發現自己想像錯誤的知識。

只要卡爾爺爺對網路和智慧手機的瞭解徹底錯誤，他便搞不懂為什麼去垃圾桶的已刪除檔案中尋找上回森林散步時「突然消失」的網路是行不通的——既然他可以在這裡找回拍壞的照片，那網路怎麼不行？孫子尼克不妨大方承認，卡爾爺爺信心滿滿、自認絕對站得住腳，他不知道自己沒抓對關鍵，正因為他的科技背景知識太貧乏。

我們懂得愈多，愈能發現某知識領域的複雜性，便備感自己無知，距離整個真相還差之千里。反之，我們知道得愈少，愈不會意識到自己的能力界限，就愈容易傾向自我高估。

大衛．丹寧列舉不同年齡層者與職業族群的自我高估案例，比如橋牌玩家、網球選手、實驗室技術員、數學中學生、藥劑系大學生或物理學家。第一次考試沒過的駕訓班學生，與考取駕照的學生相比，他們過度高估教練對其能力的判斷，可見對自我知識極限的盲目也會危及個人成就。不過，當事人可能

◎知識程度決定知識假象的規模：笨蛋覺得自己最聰明

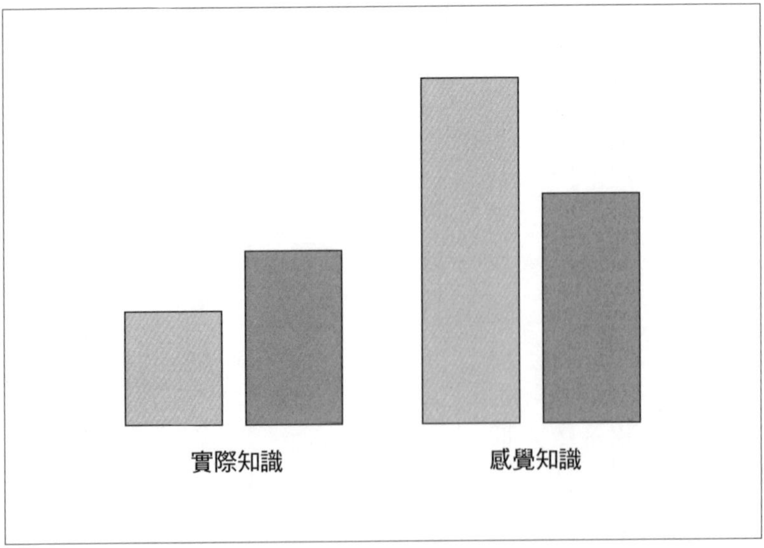

將失敗歸咎於其他因素，而非個人的知識或能力貧瘠。

除個人成敗之外，知識的假象與丹寧—克魯格效應還可能引發無數人與人之間的問題及溝通障礙：倘若兩造談話對象的知識水準存在著巨幅落差，往往增加清晰思考和邏輯討論的難度。提出說服力差之論據者，由於透視本身謬論所需的必要知識超出自我知識的水平，他也難以發現其論據不足。於是人人本著自身知識與良心發表意見，然而知識淺薄者對自我論點的荒謬欠缺理解力，討論會將博學者推向絕望，在他看來，於此錯誤基礎上繼續討論毫無意義。所以知識的假象可能造成跨越不了的鴻溝，斷絕一切靠近的可能性。

那該怎麼辦？難道我們只能和知識領域及水準相同者打交道，以便進行充滿意義與和諧的對話？或許能有減少知識假象的起步方法？

斯洛曼以為，最有效的措施即是鼓勵人們談論自己（認為）的知識。他要求受試者在實驗中先對政治措施闡述個人意見，譬如降低退休年齡的效應，或本章開頭的原子筆或拉鍊運作原理之例。事後他們不僅對該議題的自我知識評估降低了，就連本身的意見也不再那樣極端。此乃邁向實事求是的意見交換以及接近異議者的第一步。

因此筆者結束本章前的建議是：請勿沉浸在知道何者為上的感覺，自滿於你的立場似乎有其道理的想法。主動對他人具體說明你的立場，便能瞭解這是否為基礎紮實的知識，抑或知識的假象罷了。不妨去認識打破砂鍋問到底的精神價值，因為真正的思考經常始於當我們背離既存思考模式之後。因此何不刻意打亂自己的思想，嘗試面對反方立場。

你一定不時發現，即使誠心誠意想接納對方論據，仍舊阻礙重重，畢竟我們得先找到不同的聲音——朋友圈中少有抱持迥然不同的意見者，立場不同的媒體也幾乎不存在。你可以繼續尋找，希望某處還能發現異議者，或至少一個能讓你重新思索、拓展你知識的觀點；你也可以逕自假設業已擁有唯一可能與正確的真理，獲得全部的相關知識了。憑著個人所知與良知，請自行決定哪一種可能性較高，不過小心，可別成為知識假象的受害者了。

第20章　知識的假象

第21章

超自然的幻想

——為什麼這個世界表面看似神秘，實則未必

貝蒂興奮忘形，姑姑給的魔術滴液真的超靈！昨晚打撲克牌，口袋裡的迷你瓶讓她一人通吃，其他人的牌就是沒她的好。哇！打從那天起，她明白了：遇到重要的事，一定得隨身攜帶魔術滴液。不論是約會或畢業考，只要一瓶在手，她的人生保證萬無一失。

可惜這個魔力只能維持二十四小時。姑姑解釋，只有她的魔術雙手能賦予瓶中水特殊能量，一天過後，魔力便揮發殆盡。雖然貝蒂的生活將因滴瓶而變得複雜許多，每逢重要關頭就必須去拜訪姑姑一趟，既耗時又要費心安排，可是她絕不冒關鍵時刻沒有魔術瓶的險。

儘管貝蒂後來的生活並非諸事順遂和輕鬆，但她有信心，只要帶著魔術滴液，一切的

安排就不會錯。萬事都按命運的法則而行，即使第一眼沒看穿，事後她都能領悟箇中的意義——上回令她失望的約會，就是要傳達一個重要經驗，讓自己為真正的夢中王子做好準備；砸掉的數學考試也在告訴她，自己選錯了科系。她充滿感激與幸福地撫摸著手裡的小瓶子。

貝蒂所經歷的就是一個典型的超自然幻想之例。人們經歷一些奇妙驚喜或不可思議的事物，腦海不禁閃出念頭：這絕非偶然，背後必然有意義！一些超越自然及普通常人所知的事物規律性。

實際上，日常生活中充滿了各種大大小小的奇蹟和可能性，促使人們做出超自然的聯想。我們想起某個久無音訊的人，恰巧就在這一天，他突然來電了，好一個心電感應！剛剛陷入熱戀的情侶，屢屢發現他們的相遇必是冥冥中定數，有數不盡的共同點：同一天生日、兩人祖母有著相同的名字、童年也都去過義大利某溫泉地度假。興許是宇宙的神祕引領，使兩人的路在某一刻交會，緣分將其牽在一起，這戀愛的滋味倍加甜蜜！

無獨有偶，不僅人生中奇特美好的發展讓人傾向超自然的想法，格外悲傷或其他大喜大悲刻骨銘心的經歷，例如走投無路時突然奇蹟獲救的體驗，經常令人覺得是超自然的力量在作祟。好比尼爾斯和他懷疑的癌症。

尼爾斯震懾不已，他八成得了癌症！明天一早，醫生將告知他最終的檢查結果。沮喪絕望的他迷失在偌大的城市裡，望著街頭咖啡店嬉笑的人群，不禁悲從中來，自己的人生除了平凡無聊，什麼也沒有。一個突發念頭，他決定去教堂點一支蠟燭。雖然自己並無宗教信仰，但此刻若不祈求上帝幫助，更待何時？只盼奇蹟出現。

隔天早晨那通救贖電話——虛驚一場，並非癌症，只是良性的組織病變。尼爾斯百分之百確信，上帝聽到他的心聲了。然而為了繼續維持健康，從現在起，他必須每天上教堂點蠟燭還願，絕無例外。度假住宿也得選擇鄰近教堂的地點，因此不少地方完全排除在外。家人對此頗不耐煩，可是尼爾斯的信念不為所動，畢竟攸關生死，他可不願輕易鋌而走險。

老婆認為，假如他能奉獻行善，而不光是天天點蠟燭，上帝大概會更加欣慰，他卻不以為然。也有人覺得，他從沒生過大病，何來上帝將他療癒之說？他同樣聽不入耳。這段點蠟燭的奇蹟「痊癒」經驗，深深烙印在尼爾斯的心中，使得他再也無法捨棄這段儀式。

無數感受過奇蹟經驗的人也和尼爾斯一樣，往後的生活徹底受此次經驗的擺佈，他們不肯給人生一個反駁既得信仰的機會。

嚴格來說，我們無法百分之百肯定貝蒂和尼爾斯的情形不是一種超自然現象。因為超自然指的正是無法明確掌握的事物，我們如何能證明無形中的影響並不存在？倘若超自然影響力當真存在，我們看不見；倘若不存在，我們同樣看不見。由於人們無法直接觀察超自然事物，僅能揣測其背後隱藏的作用力量，因此難以分辨究竟是假想的超自然關聯作用，或僅是兩個事件的偶然交會——於是構成超自然幻想的絕佳條件。

同樣地，也有保證不是超自然力量在發揮作用，而是刻意矇騙我們的案例，這便是魔術師以及（令人遺憾的）許多自稱治療師或江湖庸醫獲取利益的法則。

總之，幾種不同的心理機制可助長超自然幻想的傾向——

一、**模型偏差**（Muster-Bias，參閱第二十二章）促使人們發現似是而非的模型，事實上僅因巧合而發生的事件被詮釋為非巧合事件。而一旦它們並非巧合，那就一定是超乎自然的力量在運作，此乃普遍結論。人們確實經常對偶然狀態以及「彷彿不可能」現象的實際發生機率懷有錯誤的想像，這是心理學家湯瑪斯．基羅維奇（Thomas Gilovich）、羅伯特．瓦隆（Robert Vallone）與阿摩斯．提維斯基（Amos Tversky）的發現。例如擲硬幣正反兩面（人頭、數字）朝上的機率各佔一半的事實，導致人們容易假設多次丟擲硬幣的結果大抵應是每面朝上會彼此交錯著出現。但這是不對的，事實上同一面多次朝上（譬如連續四次數字）的機率並不小，可是它不符合人們對「偶然」的想像。一個對偶然的典型評估謬誤，也出現在例如派對、班級或其他社群中，發現有兩人同一天生日的機率是多大。多數人本能地猜測其可能性相當小，因此當遇見一個和自己同一天生日的人，總是喜出望外（老天注定的緣分）。因為人們認為這種機率實在不高，於是開始相信兩人之間一定有著不尋常的連結，或從這個自認為不可能的巧合得出另一個結論。然而，根據機率計算法則，在一個二十三人的群體中，其可能性約為百分之五十。

二、**錯誤歸因**：為另一個常見謬誤，即是人們將事件交會詮釋為因果關係。一個典型例子便是相信各種感冒或其他疾病的家庭偏方，人們對此想像力無遠弗屆——一杯熱麥芽啤酒加少許橄欖油、胡蘿蔔汁加薑或半顆奇異果，只要稍稍覺得喉嚨發癢，不論我們吃什麼小偏方，不出幾日，感冒很可能就消失了，證實家庭偏方有效。「麥芽啤酒加橄欖油」和「痊癒」的事件交會，被詮釋成「麥芽啤酒加橄欖油讓我痊癒了」，替迷信奠定了完美的基礎。這樣的詮釋往往還受到另一個機制的支持，即矛盾原則。

三、**矛盾原則**（Ambivalenzprinzip）在無數據說能幫助人們透視自己的未來，並指點迷津的預言或占星術中均可發現。事實上，這些指點都模稜兩可，為詮釋留下極大空間，無論他們怎麼說均可被視為神機妙算的證據。而精確清楚、可讓人評價預言命中或與事實相反矛盾的直斷，是他們不可能、也不願意做的。這讓預言擁有一個明顯優勢，就是它們幾乎無法被反駁，哲學家馬登・包德利（Maarten Boudry）及約翰・布萊克曼（Johan Braeckman）如此解釋。另一個特點是，預言中的指引描述都是進可具體、退可隱喻的詮釋。「這個父親的形象將扮演舉足輕重的角色」的暗示，既可指生父，亦可指修辭上的父輩或保護者，或一個機構如教會、國家甚或上帝。

種種機制均有利於助長超自然的幻想。假象一旦構成便難以破除，因為我們自己就會從中作梗。

由於日常生活中無法做到科學上的否證原則（Prinzip der Falsifizierung），亦即駁倒預言的刻意實驗。例如進行兩組對照實驗，一組獲得治療藥物，另一組沒有。科學性的方法可能出現兩組受試者不論服用藥物與否，皆同樣健康或生病；或得到藥物那組比較健康，便顯示藥物可能有效的徵兆。（或藥物組甚至病得更嚴重，表示藥物可能產生不樂見的副作用。）然而我們的生活行為大致上卻截然不同，目前所知的是——

- 每當我做了A，便出現B。
- 沒有我做了C的例子。
- 因此我們無法知道，是否做了C之後也同樣會出現B，而A根本不是B的先決條件。
- 此外再加上，即使做了A，卻突然沒出現B，我們通常會將其忽略不計或放寬定義，儘管沒出現真正的B，結果也相差無幾，矛盾原則讓萬事皆為可能。

我們日常行事不能如科學家那般嚴謹乃無可厚非，大家終究沒必要刻意去測試自己的信念。既然個人信念迄今讓人生安常履順，何苦非去挑戰命運不可？

於是最後獨留一個問題：超自然幻想危險嗎？有必要去揪出它嗎？

超自然幻想能使我們的言行舉止以某些固定模型及自忖的作用機制為導向，但這些機制實際上並不存在。

潛藏其中的危險是，倘若我們在某些領域也依賴超自然的幻想，例如健康問題，後果將不堪設想。受奇蹟治療報導的迷惑，妄想用柳橙汁來治療癌症；或準爸爸準媽媽們故意讓寶寶提早出生，以便他們的星座與父母的互相協調。

也有無傷大雅的小確幸，人們鑒於相信超自然力量而幸福快樂——譬如有避邪力量的幸運符；或是接到心愛之人的來電而開心雀躍，因為今天早晨才想到他，於是相信我們今天的聯絡是命運所使然，因此特別留心對方的話語。一個雙贏案例，不必在乎超自然與否。

順便告訴你，不一定非要超自然的事不可，相信科學也能安撫人心、獲得支柱。由於許多宗教信仰具有減緩壓力作用的報導，實驗心理學家米格爾．法里亞斯（Miguel Farias）提出疑問，是否非宗教不可，或其他任何信仰形式亦能產生撫慰心靈的功能？的確，其實驗顯示，如果將人引入心生恐懼的狀態，例如意識到自己即將死去的危險，他便會尋求心靈支柱，對科學的信任也強過那些並未受到死亡威脅的對照組受試者。換言之，透過精神信仰能找到心靈支柱，不過科學可以獲得知識並改善生活條件，這種肯定與把握同樣具有安撫作用；儘管少了點魔力，卻多了可靠性。

第 21 章 超自然的幻想

第22章

策略迷思

——為什麼別人的成就彷彿經過深謀遠慮

身為教授，筆者在大學也參與師徒制計畫（Mentoring-Programm），藉著諮詢與經驗交換陪伴新一代人才走上學術生涯之路。不少學員的目標是有朝一日能覓得教授職位。瑪雅對研究合作的主題特別感興趣：「妳怎麼能正巧跟對的人建立人際網絡？想必是策略規劃性的合作吧！？」

在此恐怕要令瑪雅失望了。我和其他同事的合作大多順其自然而成，並沒有所謂的策略性徵求標準。大家結識於學術會議，首先雙方對相同主題有意，也以團員身分為新研究領域各自提供必要能力，相輔相成，因為過去已有成功合作的經驗，彼此又合得來。是否每次合作皆由客觀的策略性觀點出發，會是比較聰明的做法？不得而知。可能其中有些決定是明智的、有些不是，誠如我整體學術生涯的過程。

瑪雅宛若大夢初醒，稍稍吁一口氣。「噢，我以為一位教授非凡成就的背後，只有清一色的明智抉擇，還必須及早開始規劃。如此聽來，並不是這麼一回事。」瑪雅先前的錯誤結論亦稱為策略迷思。當人們看到結果，便相信先前發生的事物皆發揮了影響力，同時也是策略性導向的結果，另類結果或引領人們走向相同結果的蜿蜒小徑似乎不重要。我們俯拾可見這種看法，它也是許多建議和諮詢顧問的基礎。與瑪雅相仿，許多婦女雜誌或職業生涯雜誌一再請筆者給特殊的女性生涯道路提供指引或有關教授職的建議，他們希望筆者藉個人的生平經歷為讀者建構一個普遍性的指引。

心理學上能瞭解雜誌社為何詢問並提議，將個人生涯道路視為一個普遍成功策略的模型，因為許多已經過科學詳細分析的思考陷阱及認知錯誤，均可能在策略迷思中同時扮演關鍵角色，例如後見之明偏差、模型偏差和倖存者偏差（Survivorship-Bias）。

▼後見之明偏差

後見之明偏差（Hindsight-Bias，亦稱回顧偏差）乃形容**事件發生之後**的認知扭曲，過分高估事件的可預見性，事後想來彷彿一切顯而易見、這是必然的結果。那個出身演藝世家的年輕人，其教師生涯之所以如此成功，肯定是這份工作也要求創意與即興創作的天分。受領養的女孩注定伴侶關係會失敗，因為她尋找原生家庭的陰影始終籠罩著對另一半的興趣。街角新開幕的黃昏小酒吧生意那麼夯，還不是多虧了附近公司企業林立。

後見之明偏差使人在事件發生後，無法對原因做出如同事前般的判斷，於是回溯某人的生涯過程時，即推斷是有意的策略或至少是命運的安排。有趣的是，並無良藥可反制後見之明偏差——即使瞭解這種偏差的存在，但每當我們評斷過往事件時，仍不可避免一再出現判斷扭曲。因此，事後某個特定觀點經常被當作對一切的邏輯解釋與關鍵因素。相反地，對不可知的未來，我們卻似乎覺得球是圓的，各種結果都有可能。

事後看來，我能將自己和設計及資訊學者合作的研究重點，正面評價為科技整合研究的象徵。不過我同時亦見到其中的危險，偏離心理學的原始領域太遠（筆者也收到相關批評）。儘管心中對未來結局無定數，仍朝某方向前進，這需要過人的勇氣。他人往往扮演事後諸葛亮，看事情篤定許多——想當然耳，分明是穩操勝券；或想當然耳，結局必敗無疑。

除後見之明偏差外，模型偏差也會使人誤認為在某人生平中看到彼此串聯的事件發展，沒來由地將它們當作「有意義的整體」，其實這些事件雜亂無章且受到諸多因素的左右。

▼模型偏差

模型偏差是描述人們傾向將事實上並無關聯的事物模型化。人們容易將偶然連續發生的事件詮釋為整體現象，雖然原本是各自獨立出現的單一事件。一個著名例子即是心理學家基羅維奇所說的籃球比賽的熱手現象（Hot-Hand-Phänomen）。研究指出，球迷、教練和選手本人都相信，假如某選手先前已多次投籃進球，他的「熱手」就有更大的機率讓球再度進籃。統計學上卻無法證明籃球熱手的存在，成功進籃後的再次命中率並不會高出先前投籃失敗的人（不過，相信熱手說的選手卻能間接影響比賽的進行，因為隊友做球給他的頻率便大為增加，對手也會對他嚴加防守）。

模型偏差使人傾向將連續發生的單一事件解釋成一個整體的部分。因此當我們回顧人生旅途時，每個車站彷彿都在這個特殊形勢下，化成一連串充滿意義、不可分割的步驟，甚至是策略性的計畫。此外，反正大多只有那些饒富意味的人生經歷才被人拿來分析，因為他起碼在人生旅途中的某一站被冠上成功之冕，這便是倖存者偏差的效應。

▼倖存者偏差

倖存者偏差（亦稱倖存偏差）是指過分高估成功的機率。周遭世界中所見所聞都是成功個案，企業家、政治家、YouTube網紅，滿滿闖出成績的人。那些努力過卻失敗的人卻留在黑暗的角落，正由於他們毫無成就，我們也無從耳聞其命運。於是我們被成功者的故事環繞包圍，而他們所做的每一件事宛如一把通往成功的策略鑰匙。例如YouTube明星湯馬斯．里奇韋爾（Thomas Ridgewell）經營TomSka頻道，目前擁有五百萬訂閱者。他在一篇題為《YouTube網紅成功秘訣大公開》（YouTube-Stars verraten ihr Erfolgsgeheimnis）的文章中解釋，獨樹一格非常重要：「假如我公開分享自己的經驗，可能對他人極有幫助。」* 只要做自己，成功便會來敲門？聽來猶如天方夜譚般曼妙，事實上並不是真的。有多少人願意和大家分享他們的絕望經驗，卻沒人要聽？

鑒於上述提及的幾種偏差，我們不意外，為什麼想在他人生涯中翻尋道路指南和成功配方的思考模式會如此普遍了。不計其數的書籍與雜誌無不以聳動的標題，如《我們能從女強人身上學到什麼》或《兩性的幸福秘方》等來吸引讀者。

這一對的秘方是絕不把爭吵帶上床；另一對的秘方是給和解一些必要的時間，不能只因為夜深了便要強求。同樣地，令人佩服讚賞的成功人士，其生活習慣也會被人拿放大鏡檢視，好似在傳達一個概念，成功正是這種行為方式的結果：科學家A每天早晨散步三十分鐘，演員B每日以一杯綠色思慕昔開始她活力的一天。這些習慣絕對有益許多人的身心，不過一杯綠色思慕昔卻不能保證演藝事業成功。事實是，成功要靠諸多因素促成，成功者也不清楚是什麼將他們帶向成功。

結論是：研究他人的生涯發展，可當作啟發靈感之用，卻不該期待它能成為任何人的指引保障。研究哪一條路會步上什麼結果，必定奧妙無窮，也許真能就此發現非比尋常的成功關鍵，可望對你個人生涯發揮作用。但為降低風險起見，接收他人指引的先決條件是你應有心理準備，即使未能出現期盼的結果也不在意。心理學家會說，保證成功的行為方式必須是出自本身內在、而非外來的動力。

換句話說，只有當你真正覺得綠色思慕昔好喝，你才喝它。否則經年累月勉強吞下綠色濃稠液，只為了能得到一個令人驚豔的魅力，盼望有朝一日被當成天才演員發掘出來，恐怕不值得。同樣的，筆者亦不會建議任何人加入一項研究合作計畫，只因他相信能為自己的履歷添上一筆有趣的經歷，變成得到求職面試的關鍵。你可以把履歷寫得很精彩，不過最精彩的卻是能寫出你真正感興趣的經歷。

還有一點很重要，除了林林總總的秘方外，千萬別忽略那些儘管無聊、本質上卻很

* https://www.thinkwithgoogle.com/intl/de-de/marketingkanaele/youtube/you-tube-stars-verraten-ihr-erfolgsgeheimnis/

重要的成功因子。以學術生涯為例，其包括即便失敗也不氣餒的紀律、大量閱讀、建立人際網絡、時時刻刻檢視自己的研究並連結新的議題。請勿自欺欺人，需為成功付出什麼代價，其實你大抵心知肚明，通常少不了勤奮與努力；挖空心思尋找無須努力的成功秘訣實在誘惑人心，只是鮮少能達成目標。

第22章　策略迷思

第23章 驗證陷阱

——為什麼我們這麼相信歪理邪說

約翰娜百分之百肯定，小女兒在學校的英文程度超越同儕，是歸功於出生前的胎教。因此對她的小天才讚譽有加之餘，也逢人必推，不管別人想不想聽——讓寶寶在媽媽肚子裡就習慣外語，每天半小時英語電視節目，保證將來英文得A。父母為了子女，真是赴湯蹈火在所不辭啊！

該如何看待約翰娜的理論？聽來頗具說服力。假如我們環視一下班上同學，其他語言天才的媽媽們一定也在懷孕期間努力接觸外文。譬如佩特拉在一家國際集團上班，她女兒伊娜自然耳邊不斷迴盪著英文，如今也是英文成績得A的候選人。伊娜的雙胞胎弟弟馬克斯，想當然耳也受到同等的胎教啟發，雖不是得A的候選人，但這完全要怪他懶惰。

個人的信念與理論就是經由類似方式構成的。這些理論在人際圈中快速散播，某些智慧經代代相傳，皆深信不疑——只許在月圓日剪頭髮、感冒要喝牛奶加蜂蜜等等。

沒人嘗試對理論的準確性進行實驗（我若不喝牛奶加蜂蜜也會恢復健康嗎？），這便是驗證陷阱（Validierungsfalle）現象。隨便抓個主張，然後將一切詮釋拼湊成符合邏輯的畫，理論所強調的內容即被視為證據：佩特拉女兒伊娜的英文成績之所以優異，是因為她在媽媽肚子裡就接觸了英文。不符理論的矛盾現象，便透過特殊的次要條件來緩頰：佩特拉的兒子馬克斯雖有相同的條件，不過他就是格外懶惰，所以成績差。關鍵在於讓主要理論還保持完整、能正常運作。

因此驗證陷阱長期下來可能導致我們對周遭世界形成錯誤印象，在彼此毫不相干的事物中看到關聯性。反之，儘管關聯性顯而易見，只要我們假設沒有，也就不會發現它的存在。再加上，有些理論甚至被描述成他人無法反駁的形式。例如有些治療法認為此時此地的問題必須回溯到兒童時期尋找原因，倘若案主真能提出一個親子衝突，就算找到病因，證明理論成立，萬一案主提不出任何與當前問題有絲毫連結的衝突，更表示一個理論獲得證實——衝突可能帶來極度深沉的痛苦，因此當事人急欲將它壓抑遺忘。

我們如何推翻這些理論？如何證明不存在的衝突，而且還是在那段記憶殘缺不全的年代？所以無論案主怎麼說，診斷早已確定：童年創傷。我們等於找不到能推翻上述療法的行為證據，它基本上就排除了此時此地產生的問題，或許也能在此時此地發現原因、甚至找到解決之道的可行性。

這類理論既不允許清楚的預測，亦無可反駁，因此它在學術上率先就敗在理論建構的最基本要求。不過日常生活中，最疑雲重重的理論卻偏偏最容易滲透傳播。即使已有明顯證據推翻假設的正確性，我們依然能夠把世界扭轉成自己想要的樣子。尼斯貝特在其著作《簡單思考！》中描寫了這類理論的兩個中心機制：特例解釋（Ad-hoc-Erklärung）與事後解釋（Post-hoc-Erklärung）。

▼特例解釋與事後解釋

特例解釋乃針對某個理論的臨時補充，目的在極力維護原理論的屹立不搖。例如有此一說，天蠍座者基本上愛逞口舌之爭，接著又以特例解釋加以補充，逞口舌之爭也能以隱晦無聲的形式表現出來。換句話說，天蠍座亦可能在跟自己吵架，於是這理論遇到明顯尋求和諧的天蠍座者也能成立。

典型的特例解釋通常後面跟著出現事後解釋，亦即數據收集完畢後。如果人們必須在數據收集前便清楚預測天蠍座者的日常言行，就不會出現所謂愛好和諧的天蠍座者是在跟自己吵架的說法了。然而，我們也接受矛盾數據完全符合理論的事後解釋。我們會在事後尋找為何結果同樣合理的解釋，卻對應該仔細檢視理論的理由視而不見。

特例與事後解釋允許理論隨意擴張，儘管存在著矛盾數據，理論繼續保留。正確與錯誤理論並存，我們設想各個特徵之間具有實際上並不存在的關聯性。反向推論偏差也經常在此扮演推手，也就是說，從某特徵推論出另一特徵，雖然這項特徵根本不是決定前項特徵的條件。抽象式表達：假設A為B的證據，我們透過反面推論也認為B是A的證據。

▼反向推論偏差

反向推論偏差是指人們單憑少數有力陳述或次要特徵推演出錯誤結論，尤其容易發生在當反向推論使我們受到恭維時，我們也因此特別願意相信。例如，資優兒童在學校經常覺得無聊，導致上課總愛調皮搗蛋；那麼，我的孩子經常上課搗亂，他一定是高智商。此乃徹底錯誤的反向推論。上課搗蛋的人也可能是出於其他原因，並非高智商。

同理，我們亦能自我欺騙，利用錯誤的反向推論導出一個錯誤的、往往是過度美化的自我形象。比方極其荒謬的陰謀論者每每精心扮演未被發掘的天才，認為廣大社會懷疑的事物，便是他們聰明過人和立場正確的證據。套句公式説法：天才發明家如愛因斯坦，經常被當代人輕視嘲笑；我今日受人嘲笑，無人相信我，那我必定是天才。

人們容易受反向推論偏差誤導的弱點也很可能遭人刻意利用，偽裝事實上並不存在的特徵。例如，聰明人常常使用複雜的語言和大量外來字。此人使用許多外來字，他一定很聰明；這是一個典型的反向推論錯誤，也是銀行理財投資專員、保險推銷員或其他推銷產品的職業族群喜歡利用的人性弱點。除了外來字與專業詞彙經常讓客戶摸不著關鍵，可用來掩飾產品明顯的瑕疵這些事實以外，對銷售員十分聰明的印象也成為另一個促銷法：人們自動對他們產生敬畏之心，感到自嘆弗如，也不願出醜，於是羞於詳細追問或甚至反駁。這項產品賣定了。

反向推論伎倆的高明之處，在於不容易被揭穿，因為它不一定荒謬。起碼在一些兩個特徵之間沒有完美關係的情況下，反向推論不失為一個很好的啟發法（Heuristik）。例如，品質好的葡萄酒通常所費不貲；這瓶酒相當昂貴，品質也一定好。

雖然高價並非高品質的保證，不過兩者間的關聯性並非不可能。回應親切的鄰居臨時邀約晚餐，在超市打烊前才衝進去想買瓶好酒當伴手禮的人，比起最便宜的酒，抓一瓶中、高價位的酒大概較符合他的期待。

生活中我們被許多案例蒙蔽雙眼，因為反向推論至少引導我們至一個正確方向，於是我們傾向隨處濫用反向推論，任由它誤導我們對他人及周遭世界設想出錯誤理論。由於我們不再去尋求反證，因此留在錯誤假設，掉入驗證陷阱之中。

然而這對現實生活有何影響？驗證陷阱及錯誤理論，將對我們的人生構成什麼實質危險？或只是學術的吹毛求疵？

首先，絕大多數人都不願對世界抱持錯誤假設，人們普遍願意追求真理，得見事情的真相（或至少說服自己是這麼做的）。況且錯誤理論也會帶來具體的嚴重問題——倘若我們以錯的理論為基礎，推論建構行為，絕對無法引領我們達到目標。不對理論提出懷疑，絕不可能獲得解答，而是繼續投資行不通的方法，犯了加碼投資同檔股票的錯誤。

在個人與公共領域中，譬如伴侶關係、政治、健康、教育等，可見到無數不斷緣木求魚的案例。假如孩子不聽話，就是他在外面尚未吸足新鮮空氣、釋放過多精力；假如我疲累不堪，就得喝更多的維他命果汁。人們對自己的觀念信心滿滿，萬一不見效，就以「劑量不足」來解釋，而非懷疑「藥劑無效」，於是我們徒費寶貴精力或反而讓事情每況愈下。因為錯誤理論會妨礙實際有效解決方法的研發，反向推論在此亦不時阻撓人們找到解答。以下是邁爾女士和職業過勞的診斷個案。

- 信念：人若工作過度，總有一天會垮掉。
- 觀察：邁爾女士曾經有過神經崩潰紀錄。
- 反向推論：因此邁爾女士必定瘋狂工作過。
- 可想而知的解決方法：我們必須減少邁爾女士的工作量。

然而，職業過勞並非一律由工作「量」的角度而來，亦可能是對工作思考方式不當所致，例如我們每每感覺須對所有事情負責、掌控一切，大腦在休息時間也無法休息。因此邁爾女士依舊未能好轉，儘管她的工作量不斷減少，毫不令人意外。終於她被調職，做著大材小用的工作，明顯被公司冷凍，她的職業生涯也完了。邁爾女士灰心喪志，乾脆不來上班。

因此筆者在本章結束前提供由衷建議：首先，「我們必須採取行動」的積極態度本身雖值得讚揚，但絕不應倉促隨這股衝動起舞，因為出於善意的行為或許適得其反。行動前詳細檢視行動背後的假設，並以批判的眼光來看待——

- 能確定事情的關聯性是如我想像的嗎？
- 進行任何檢驗工作了嗎？
- 我的理論檢驗基礎如何？最後會讓我受對立觀點說服嗎？

一心一意只想尋找地球是平的證據之人，便永遠無法確定它是否真是圓的（反之亦然）。

第24章

專家陷阱

——為何我們總在特別專精的領域侷限自己的思考

班頗感驕傲，今晚的家長會上要針對學校數位化議題一併舉行他發起的專家座談會。身為家長代表的他，為了替班上設計一個合理的計劃案，需要其他家長支持，家長也必須了解專業知識。他希望大家在座談會後能理解計劃案成功與否的關鍵所在，使全體家長同心協力。果不其然，他成功邀請到重量級專家參與座談：從事教育研究的當地大學教授、研發學習軟體的公司執行長，以及一名擁有社會學學位、側重數位社會轉型主題的學術記者。他滿腹期望等待討論會的開始。

可惜事與願違，座談會的進行過程完全不如預期。非但未能替孩子們促成有創意的解決之道，座談會分裂成小組討論，其中還不時出現遠離現實世界的專業術語，即便家長追問，這些專家似乎無法清楚扼要表達他們的見解，或為同學提出任何具體建議，純屬浪費時間。班失望地打道回府，腦中不斷盤旋：「這就叫專家？我不如去問街角的麵包師傅或隨便從街上拉個人，說不定還能擠出一個不錯的建議呢……」

班的想法不無道理，他和其他家長觀察到的便是所謂的專家陷阱（Experten-Falle）現象：一群專家共同被囚禁在其專精、卻同時也嚴重受限的思維視野。專家陷阱是一個專業背景相似者討論問題時容易發生的典型危險。儘管事前大家都不熟悉，卻在相同的概念基礎及思維模式上建立連結，話題總圍繞在一個狹小範疇中的細節，喪失對整體格局的眼界。小團體被纏在根深柢固的狹隘思考模式中，反而發揮不了創意，無法在新的軌道上思考。這對團體成員本身並不會立即造成問題，大家在熟悉的地盤上活動，甚感稱心如意、相互支持，最後再度證實自己早已知道的。這對專家而言是相當愉快的打發時間方法，卻不適合研發新概念，或為複雜問題尋找解答，因為它需要跨越既有的視野界線。

宛如心理學家古根布爾在《被遺忘的智慧》一書中所描述的——每個團體孕育出自己

的行話與溝通風格，共同使用的概念可傳達一種歸屬感和進步感。不單是思考，還包括共同露面與活動模式，每個團體均發展出特殊的共同點及獨有的暗號。要成為專業團隊的一員，必定付出了十分可觀的適應時間與努力，雖然本人並不一定有所意識。古根布爾認為，我們一般不會注意到自己的思考模式受到職業身分的束縛，不會認知到自己是典型的心理學家、社會工作者或飛機師，而是自認獨立思考與行動的個體，同時深信我們的話語是出於個人獨立思考的成果。至於嚴重偏離市井小民的思維與問題，看法及思想觀念也隨著時間徹底融入個人的職業階級，專家本人往往察覺不到。

如同家長會上的數位專家一般，所有行業別代表亦如是，無論醫生、氣候學者或政治家。職業生活中愈少接觸同行以外的人、經常和臭味相投者討論事物的人，極易落入專家陷阱及團體迷思（Groupthink）的危險。

▼團體迷思

團體迷思的概念要回溯到心理學家厄文．詹尼斯（Irving Janis），是指一種團體成員的思考模式最終導致全體做出壞的決定，縱使成員個個專業能力高強。尤其當某團體曾經歷過長期精誠團結的局面，因此努力尋求和諧，產生團體迷思的危險就特別高，例如黨派、家庭或死忠好友圈內。進行內部討論時，大家刻意避免衝突，阻止明顯的批判性問題搬上檯面。單一成員的水平思考空間及個人化的觀點便消失沉默，團隊和諧的重要性超越任何對亟待解決問題的現實評估。無視資訊不足、錯估風險，替代方案亦不予考慮，一旦納入的觀點也不再加以檢視。

話說得慷慨激昂，越發沉溺於某個想像，自認是最佳解決之道。片面的內部討論便成為團隊意見正確的鐵證。倘若有人小心翼翼提出疑問，建議檢討方案的可行性，立刻招來四面八方的撻伐目光，讓他自動閉嘴。萬一他繼續質疑團隊意見，其忠誠度便受到懷疑，由一個巧妙的自我審查制度和對異議者施加壓力，形成一個團體優越性與強韌性的幻覺，最後做出愚蠢至極的決策之餘，還沾沾自喜。以下著名案例皆可能須歸咎於團體迷思的錯誤決策，包括越戰擴大、太空梭挑戰者號事故、車諾比核災，以及布希政府的伊拉克戰爭決策過程。

古根布爾說明為什麼除了上述操縱團體意見的機制外，另一個心理因素也使得成員難以逃離團體迷思的危險：無人願意承認自己的看法是強烈受到別人影響。我詮釋自己的觀點乃出於個人思考結果，卻未意識到方才他人所說對我思維的影響強度。倘若必須承認自己往往不具堅強的獨立人格，而僅是「集體潮流的發聲筒」，恐怕會讓我們難堪受辱。

儘管有專家積極努力放下身分，秉持「中立」態度思考，其實並不簡單。其中原因之一便是學者艾瑞利所說的「知識的詛咒」，一種「個人世界認知偏差」（參閱第七章）的特殊形式。成為專家後便再也回不去無知的頭腦了；無論任何事，一旦你看穿了，便幾乎無法想像自己之前是怎麼想的，所以人們傾向認為其他人也同樣覺得事情簡單、一目瞭然。尤其要專家為他人解說問題經常有極大困難，他們完全不考慮對方具備多少基礎知識，專家的解釋最終只有內行人才懂。

這實在令人惋惜，人們因此難以從中學習新知。要找到具有增廣見聞水準的辯論會與演講著實不易，此亦為筆者偶爾研究電視節目的心得。我不時在新聞及教育節目中發現有趣的主題，心想：「這太有趣了，我一定得收看，終於可以實際了解它是怎麼一回事。」可惜觀後屢屢大失所望，不消幾分鐘便索性關掉電視。若非解說太過膚淺，可說未超出一般外行人已知的水準；就是太過複雜，彷彿缺乏基本知識便不得其門而入。想從門外漢變成半瓶醋簡直不可能，於是介於專家達人與外行人間的鴻溝向來也深不可踰越。

專家陷阱的相關知識或許能讓你對生活經驗有所領悟，更加瞭解身邊的人：

- 人稱學富五車的主講人演說卻令你失望透頂，感覺還不如看一集芝麻街或老鼠秀（die Sendung mit der Maus，德國兒童節目）可能獲益更多。

- 對身旁那些連最基本觀念和結論都不懂的人搖頭，特別是自認理所當然的正確行為（因為我們都是這個領域的專家）。
- 旁人對我們感到匪夷所思，當他們覺得我們不願用心理解某事物，或由於我們誇口熟悉某領域，卻難以說明一己的想法、傳達我們的立場……

與本書其他思考陷阱相較，避免落入專家陷阱的建議十分簡單明顯：身為專家的你，設法和非專家建立聯繫管道，試著讓彼此瞭解各自的想法，直到兩相搖頭的現象結束為止。一旦熬過此階段，就表示你在知識的鴻溝上成功搭起橋樑了，從此可以驕傲地自稱是跨過專家陷阱的專家。

第24章　專家陷阱

第25章

純粹公正判斷的幻想

——為何心靈感染阻止我們瞭解自己真正的想法

麥爾教授正要徵求一名新博士生，面試前一晚，她再次翻閱履歷資料。應徵者克洛爾小姐喜歡踢足球……與此無關，不過想想還挺酷的。麥爾教授心中好感油然而生，很期待這位應徵者的面試。腦中逐一列出面談的重要問題，並相當確定克洛爾小姐是正確人選。不過驟然間，她的思緒紛亂了起來：「為什麼我對候選人克洛爾如此印象深刻？是因為足球很酷嗎？或是我原本並不期待女生會熱衷體育運動，所以才覺得酷？抑或我覺得擁有一個踢足球的博士生這個想法很讚？倘若換成一個踢足球的男生，我也一樣覺得酷嗎？自己的判斷是否受到克洛爾小姐不尋常的興趣左右而扭曲了？」

麥爾女士感到困惑至極，也對自己震驚不已，尤其身為學術工作者和理性思考者，不是應該心明眼亮嗎？一時之間也不知所措了，她是否對關鍵點，亦即候選人的學術能力資格做了充分審視？假使面談前即已如此，那又如何做出公平抉擇：「我對其他候選人也同樣開明與寬容嗎？怎麼確定自己純粹是評價克洛爾小姐的學術工作能力，而別無他意？如何撇開不計我對這位酷酷小姐先入為主的印象？」她忐忑不安地面對明天。

科學稱此現象為「心靈感染」（mentale Kontamination）：對人或事物進行純粹、無誤，並符合我們原始真實意見的判斷幾近不可能，因為隨時都有外來因素或多或少強烈影響我們的意見——昔日的經驗、偏見、社會標準等，浸染人們的思維方式。只要我們接收了一項資訊，便無法阻止自己的判斷受其左右。如果事先不知道這蛋糕是有機產品，我仍然會覺得「健康」蛋糕比較好吃嗎？倘若湯姆並非出身世家，不可能繼承巨額財產，那麼弗麗達還會選擇他嗎？假使麥爾教授事前根本不知道克洛爾小姐的嗜好，她仍舊會邀她來面試嗎？

心靈感染的複雜之處在於，我們並不清楚各個單一因子的影響強度。縱使亟欲進行客觀判斷，我們終究無法排除感染因子，以便最後做出「真實」判斷。心靈感染阻止我們知道內心真正在想什麼，其影響力遍及各領域——例如，不自覺深植內心的成見「女性對技術性任務的資質平庸」，可能使得應徵技術職位的女性被排除面試機會。同樣地，這種成見亦可能讓人認為，正由於這位女性「儘管天生障礙」仍勇於嘗試挑戰性任務，而獲得印象加分，幻想她或許滿腹雄心壯志與貫徹力，甚至放棄其他男性應徵者而優先邀她面試。上述兩者均違反公平原則，因為這位女性受到非普通應徵者的不尋常對待。

人們不僅可能因男女有別而受到不平等待遇，相同原則也反映在所有能區別人類，並可能成為各種結論起源的其他特徵上。例如人的年齡、文化或家庭背景與國籍。最後已無人能確定，這些特徵資訊對判斷他人造成多大影響，簡直無法做到真正的公平。

心靈感染現象的關鍵尤其在於對後續影響深遠的判斷產生作用，例如徵才面試或學校成績評量、學位與職業，包括一切以公正、平等對待為評判標準的公共決策。

我們大多不能有效遏止心靈感染，即使明知心靈感染危險的存在，努力控制判斷扭曲，但所有學界討論的反制措施均難以實踐。學者提摩西．威爾遜（Timothy Wilson）在有關心靈感染的著作章節中建議最具效力的方法是所謂的曝光控制（Exposure Control）：徹底遠離違背心意的影響因子，事先防範個人判斷受到感染。

▼曝光控制反制法

以曝光控制作為反制，避免發生判斷扭曲的方法之一，是取消應徵資料的照片與性別欄。不知道應徵者是男是女，便不受此因子左右。但實際來看，曝光控制原則亦有其界限，而且必須配合其他條件：作為決策者第一步要先瞭解感染元素有哪些，同時必須視它為主題提出檢討。

而要求履歷撰寫人不可註明性別的同時，也表示承認自己的判斷會受到性別資訊的影響。並非人人都願意公開承認自己的無能，並採取應對措施。即便採取措施，其效果有限，遲早會受到感染，例如當應徵者坐在你面前時。

當然，曝光控制原則十分繁瑣，因此較適合用於正式程序。日常生活中的我們根本無法隨時隨地避免非自願接收資訊，左右對他人的整體印象，也許還因而產生「不公平」的判斷。此外，並非人人的自我批判性都如本章開頭的麥爾教授這般高，察覺到檢視判斷的必要性。大多數人都敗在所謂的免疫錯覺（Immunitätsillusion），自認有能力不受扭曲的影響因子浸染，做出理性清楚的判斷，不需任何反制措施。

▼免疫錯覺

免疫錯覺是指判斷不受扭曲的錯覺。當人們儘管知道可能受到非重要資訊的影響，仍舊認為有能力排除這些外來因素，自信具備對抗心靈感染的免疫力。他們相信自己的判斷不受扭曲，能自由決定，套句常見論調：「我知道……不過將其撇開不論，我的意見是……」。

無數人也相信自己能夠理性看待廣告，購買力絲毫不受洗腦。我們當然沒有心靈感染的證據，畢竟他可能原就認為產品A的說服力比其他競爭品牌高，完全不受廣告保證的迷惑。不過話說回來，假如消費者不會受廣告影響，廠商又何必花大錢投資廣告行銷呢？

而心靈「中性化」，亦即讓扭曲因子無效的方法也窒礙難行，學者威爾遜及南希·布雷克（Nancy Brekke）認為。困難在於，當我們認知到一項資訊，比如廣告資訊時，它便已影響到我們的判斷。為了對心靈感染產生免疫力，我們必須在認知到資訊前，先將其放在一個所謂的臨時儲存所，進行真相內容驗證，過濾錯誤結論，才放行它以中性化的形式進入我們的意識中。

遺憾的是，大腦中並沒有這類臨時儲存所。諸多事實顯示，人們過度高估自己的免疫力，自願暴露於險境之中，也為心靈感染孕育了溫床。特別在進行重要判斷時，他們無能發現評估錯誤。與酒精的影響力相仿，我們清醒時承認酒精會降低認知與判斷能力，只要超過一定的劑量，就不適合做重大決定或操控方向盤。偏偏當人酩酊大醉時，理性便消失了，心中興起一股對抗酒精副作用有免疫力的感覺，自信駕駛能力不受限制。根據酒駕報告顯示，不少酒測值甚至高得令人匪夷所思，也再三說明了此一現象。

免疫錯覺除了與心靈感染相關之外，還牽涉到其他陷阱。因此免疫錯覺又可稱之為「超級偏差」（Super-Biat），影響範圍超越其他所有偏差，可惜也導致許多類似本書的思考陷阱啟蒙書籍效果大打折扣。因為人們縱使明知思考陷阱的存在，仍易小看它們而成為受害者，此乃所謂的「偏見盲點」（Bias-Blind-Spot）。

▼偏見盲點

學者普洛寧、丹尼爾．林（Daniel Lin）及羅斯在史丹福大學所進行的「偏見盲點」

研究中發現，儘管受試者事前已獲知有關陷阱的詳細說明，依然犯了思考錯誤與判斷扭曲。以其中一項研究為例，普洛寧團隊先向受試者說明了「優越感偏差」（Besser-als-der-Durchschnitt-Effekt，或過度自信效應），亦即自認個人能力優於一般人的錯誤結論（由統計學角度而言，不可能適用於所有人），然後受試者填寫一份不同人格特徵的自我評量。雖然他們事前甫得效應概念的解釋，知道一般人自我評價過高的趨勢，結果對自我優點的評價，如可靠性等仍高於一般人；而缺點，如自私則低於一般人。即使明知這類扭曲效應的存在，人們也相信他人會落入陷阱，自己卻能免疫。無論普洛寧團隊向受試者說明任何效應概念，受試者始終評價自己的免疫力高於一般美國人。

對自我認知錯誤的盲點亦容易導致人與人之間的衝突尖銳化，普洛寧、普奇歐與羅斯在其著作章節《瞭解誤解》（Understanding Misunderstanding）中解釋。我們總是能輕易辨別他人扭曲的自我認知，並因此做出負面判斷：此人又犯了顛倒是非黑白的毛病，還自覺高人一等，自我形象嚴重扭曲。可是反過來卻自信不疑，認為自己能看到事物的真相。

這對你的日常生活將造成什麼實際後果呢？心靈感染的負效應究竟多嚴重？我們需要避免所有偏差和認知扭曲嗎？

關於心靈感染可以說，雖然對日常生活的影響無所不在，卻未必會造成嚴重後果，因為我們無須、也許甚至不應做到絕對「中立」判斷。假如沒有這些或那些資訊，我們可能不覺得自己的伴侶多有魅力——倘若對方的某些性格特徵變得截然不同，我們是否還是一樣愛他／她；或者最要好的朋友是否還會這麼要好，萬一我們之中有人搬家或生活狀況徹底變樣。「只評價人的核心」是一項充滿挑戰的任務，哪怕我們在此的判斷也都受到各式各樣的因素所浸染。不過，耗費心力分析個別因子可能根本是多餘的，只要我們對整體結果感到快樂滿意即可，何必在乎判斷「從何而來」。

反之，倘若判斷必須具有客觀性，「從何而來」便是重要關鍵，例如當我們的決定必須對他人負責、有理有據；或涉及公共討論和影響擴及他人的決定等普遍狀況。此外，心靈感染亦常是通往自我認知道路以及如何思考事物問題本身的障礙。社會期待（參閱第一章）與身旁他人的意見也能左右我們的判斷，只要他人判斷乍聽儼然合理，其觀點卻未經自我逐步省思，便倉促採納成為己見。

假設此現象一再重複，即可能造成毫無根據的不實言論四處散佈。例如人們已經無法自主分辨無數的政治言論是否正當合理，或僅因受到灌輸而認定其正確。我們大概永遠做不到絕對中立與公平的判斷，但起碼該對可能的感染因子進行思考、具體提出，和他人討論我們的判斷，尤其要承認自己並非免疫。

至於各種偏差與認知扭曲可能引發的危險，大抵可一言以蔽之：思考偏差是一把雙刃劍。

一方面我們需要它。請誠實面對自己，這世界是個艱難嚴酷的地方，我們需要一定劑量的思考偏差做為感覺情緒的綠洲。思考偏差讓我們不必太嚴厲自我以對，幫助我們在自己「出包」時，能睜一隻眼閉一隻眼，寬容原諒那些人生中不可避免的錯誤。

另一方面，它常常是達成自我目標以及與他人和睦相處的絆腳石，例如被拒千里的思考陷阱（參閱第八章）、情緒修復偏差（參閱第十二章）、自我破壞陷阱（參閱第一章）

或自我設限現象（參閱第五章）。思考偏差往往也使我們嚴以律人，寬以待己，缺乏體諒別人「非理性」行為的心。

儘管你不可能成功真正瞭解這些認識（這可以諒解，要歸咎於免疫錯覺），請記住，即便是你也會敗給偏差、也會落入思考陷阱。所以請不要待人過於嚴格，因為別人跟你一樣，沒有被人用粉紅色眼鏡看待的特權。

結語

希望你是充滿樂趣讀完這本蒐羅了二十五個思考陷阱的書，極可能此刻生活中會再次遇到其中幾個陷阱，這時就全憑你的意願，如何來面對這次相遇。

不小心一腳踩入陷阱時，你可以會心一笑，不然就（幾乎）沿襲以往的習慣作風。不願放棄超自然幻想的人，大可繼續揣測事物間根本不存在的關聯性。還想藉送禮物給別人來替自己製造最大歡樂的人，不妨接著送。喜歡把事物描繪得比現實狀況更美好的人，快樂地跳進理想化的陷阱也無礙，只是要能禁得起事後的失望沮喪。不能跟無數雖理性、但重要性仍不足以讓自己認真起而行的目標說拜拜的人，就繼續搞自我破壞吧！

不過讀完了本書，你的行為在外人看來雖一如往昔，其實內心已有所改變，因為有意識的謬論已不是真正的謬論了。光是看穿自己某一點的事實，便能賦予整件事全新的體驗品質，可謂豪華昇級版的思考陷阱。盡情享受體驗它吧！

另一個可能性是避開思考陷阱，然後因為避了「凶」而高興。心中默默反省「從前的我面臨這種情形可能……」，並用心享受不一樣的結局。少生自己的氣、少後悔，把看透並突破自己的思考模式當成一種運動習慣。本書建議如何避開陷阱的策略頗有助益，你一定也能發展出適合自己的策略。

看穿典型的思考陷阱，也代表必須少生別人的氣。我們可以寬宏對待周遭的人，無須過分在意他人匪夷所思的行為；還必須明白自己對他人或事物的評量，經常由於被困在「我比你想像中更了解你」的錯覺和「個人世界認知偏差」當中而失之千里。萬一你無法保持仁厚的沉默，就請拿著這本書和思考陷阱當成主題，與對方一起討論他那匪夷所思的行為，保證絕對出現意想不到的驚喜。

然而，對價值判斷請特別克己慎行，千萬別仗著思考陷阱嘗試判斷衝突中的是非對錯。請自我約束，避免揭發他人的思考陷阱，為自己貼上受害者的標籤或自作聰明給人建言。不妨讓對方自己去享受發現錯誤、選擇策略的樂趣。何況，事實上你也不知道自己是否判斷正確。心理學上許多事物都是主觀的，對某人而言最後究竟是理性或非理性，吾人不得而知。本書收羅的陷阱都不是正確或錯誤思考的診斷目錄，請把它當成一項邀約，從一個全新的視角來分析日常生活中的自我及與他人間的衝突，並發現之前未能浮現的潛藏模式。

結束前，筆者再給所有完美主義的粉絲一句安慰的話：本書不代表你的嗜好沒得玩了。理論性認識並發現思考陷阱，並不表示就能輕易將自己的行為做一百八十度的改變；相反地，清楚意識到自我衝突，而且不再盲目踩入下一個陷阱，是很勞心傷神的事。如此說來，你的未來人生不會變得無聊，「自我」這塊工地仍舊是開放的，因為總是不斷有大大小小的維修。

國家圖書館出版品預行編目（CIP）資料

為什麼吃半塊蛋糕更容易胖?修復讓關係、工作與生活脫序的25種心理偏誤 / 莎拉.迪芬巴赫(Sarah Diefenbach)著 ; 李雪媛譯. -- 初版. -- 臺北市 : 商周出版 : 英屬蓋曼群島商家庭傳媒股份有限公司城邦分公司發行, 2021.02
面； 公分
譯自 : Wieso zwei halbe Stück Kuchen dicker machen als ein ganzes : Psychologische Denkfallen entlarven und überwinden.
ISBN 978-986-477-994-9(平裝)
1.思維方法 2.心理學
176.4 110001019

BW0760
為什麼吃半塊蛋糕更容易胖？ 修復讓關係、工作與生活脫序的 25 種心理偏誤

原 文 書 名／Wieso zwei halbe Stück Kuchen dicker machen als ein ganzes: Psychologische Denkfallen entlarven und überwinden
作 者／莎拉・迪芬巴赫（Sarah Diefenbach）
譯 者／李雪媛
責 任 編 輯／李皓歆
企 劃 選 書／黃鈺雯
版 權／黃淑敏、吳亨儀
行 銷 業 務／周佑潔、王瑜

總 編 輯／陳美靜
總 經 理／彭之琬
事業群總經理／黃淑貞
發 行 人／何飛鵬
法 律 顧 問／台英國際商務法律事務所　羅明通律師
出 版／商周出版
臺北市 104 民生東路二段 141 號 9 樓
電話：(02) 2500-7008　傳真：(02) 2500-7759
E-mail: bwp.service @ cite.com.tw
發 行／英屬蓋曼群島商家庭傳媒股份有限公司　城邦分公司
臺北市 104 民生東路二段 141 號 2 樓
讀者服務專線：0800-020-299　24 小時傳真服務：(02) 2517-0999
讀者服務信箱 E-mail: cs@cite.com.tw
劃撥帳號：19833503　戶名：英屬蓋曼群島商家庭傳媒股份有限公司城邦分公司
訂 購 服 務／書虫股份有限公司客服專線：(02) 2500-7718；2500-7719
服務時間：週一至週五上午 09:30-12:00；下午 13:30-17:00
24 小時傳真專線：(02) 2500-1990；2500-1991
劃撥帳號：19863813　戶名：書虫股份有限公司
香 港 發 行 所／城邦（香港）出版集團有限公司
香港灣仔駱克道 193 號東超商業中心 1 樓
E-mail: hkcite@biznetvigator.com
電話：(852) 25086231　傳真：(852) 25789337
E-mail：hkcite@biznetvigator.com
馬 新 發 行 所／Cite (M) Sdn. Bhd.
41, Jalan Radin Anum, Bandar Baru Sri Petaling, 57000 Kuala Lumpur, Malaysia.
電話：(603) 9057-8822　傳真：(603) 9057-6622　E-mail: cite@cite.com.my

美 術 編 輯／簡至成
封 面 設 計／FE Design 葉馥儀
製 版 印 刷／韋懋實業有限公司
經 銷 商／聯合發行股份有限公司　電話：(02) 2917-8022　傳真：(02) 2911-0053
地址：新北市 231 新店區寶橋路 235 巷 6 弄 6 號 2 樓

■ 2021 年 02 月 05 日初版 1 刷

ISBN 978-986-477-994-9
定價 350 元

城邦讀書花園
www.cite.com.tw